海洋传奇 海 船

HAIYANG CHUANQI

主　编：陶红亮

编　委：郝言言　苏文涛　薛英祥　金彩红　唐文俊

王春晓　史　霞　马牧晨　邵　莹　李　青

赵　艳　唐正兵　张绿竹　赵焕霞　王　璇

李　伟　谭英锡　刘　毅　刘新建　赖吉平

海洋出版社

2025年·北京

图书在版编目(CIP)数据

海船/陶红亮主编. —北京：海洋出版社，2017.2（2025年1月重印）

（海洋传奇）

ISBN 978-7-5027-9636-5

Ⅰ.①海… Ⅱ.①陶… Ⅲ.①海船－世界－普及读物 Ⅳ.①U674-49

中国版本图书馆CIP数据核字（2016）第283651号

海洋传奇

海 船

总 策 划：刘 斌	发 行 部：(010) 62100090
责任编辑：刘 斌	总 编 室：(010) 62100034
责任印制：安 淼	网 址：www.oceanpress.com.cn
整体设计：童 虎·设计室	承 印：侨友印刷（河北）有限公司
出版发行：海洋出版社	版 次：2017年2月第1版
	2025年1月第2次印刷
地 址：北京市海淀区大慧寺路8号	开 本：787mm×1092mm 1/16
100081	印 张：12.25
经 销：新华书店	字 数：294千字
	定 价：69.00元

本书如有印、装质量问题可与发行部调换

前　言

　　人类是地球这颗蓝色星球的主宰者，生活在陆地上的人类自诞生以来就不断地对海洋进行探索，船是人类探索海洋的主要工具。从原始的木筏发展到现今机械化、自动化的高科技船舶，人类经过了漫长的历程。

　　居住在水边的人们最早有了建造水上漂浮工具的想法，在与水长期打交道的过程中人们认识到树干、树叶、芦苇等能浮在水面，于是将一块木头或是一捆芦苇抛到水面上进行试验。不久人们将圆滚滚的木头作为了渡河、捕鱼的主要工具。但是骑在树木上的人们摇摇晃晃很不稳当，于是人们用利器将自己乘坐的地方削平，或是挖掉一块，自此人们开始以全新的姿势驾驶他们的渡河工具，独木舟开始逐渐形成。

　　但是单根圆木还是容易侧翻，人们经常会掉到水里，弄得十分狼狈，后来人们将几根树干并在一起，用草绳绑紧，这样木筏也产生了。人们还发现，除了水流能够使得木筏前进，风也能使木筏加速航行，聪明的人们在木筏上竖起一根桅杆，上面挂上用兽皮制成的风帆，形成了帆船的雏形。

　　古埃及是早期西方文明的摇篮，生活在尼罗河流域的埃及人很早就开始建造船只来征服这条生命之河。古埃及缺乏造船的树木，早期的埃及人只能将芦苇捆绑在一起，制成帆船，后来埃及人从腓尼基引进了树木，用树木建造帆船，但是这种帆船只能顺风航行。从埃及人开始，腓尼基人、克里特人、希腊人以及罗马人都为船舶的发展做出了重要的贡献。

中国是"四大文明古国"之一，广阔的海域、绵长的海岸线使得中国的造船业蓬勃发展，以福船、广船、沙船、鸟船为代表的中国古代四大船型在悠悠历史长河中，为中华文明的传播做出了不可磨灭的贡献。

在古代，世界上其他地方也出现了很多著名的海船。在地中海一带，常常可以看到一种轻巧的三角帆船，它们是阿拉伯人的杰作。葡萄牙、西班牙、英国等国家都借鉴了阿拉伯人的三角帆船的制造技术，开始建造新型的船只。于是柯克帆船就出现了，这种船只挂有三角风帆，成为14世纪欧洲十分流行的帆船。后来人们在柯克帆船的基础上增加了桅杆，增大了船身，出现了卡瑞克帆船，欧洲人开始乘坐这种船只进行远洋活动，但是这种帆船只活跃了一个多世纪就被"盖伦"船代替了。

随着中国明轮制造技术传入西方，欧洲开始建造明轮，但是人力驱动的明轮体积庞大，行驶缓慢，即使船上挂满了风帆，仍然不能快速航行，并且明轮的轮叶容易腐蚀、折损，实在难以担当远洋航行的重任。19世纪蒸汽动力出现后，人们将蒸汽机装在了轮船上，同时将明轮的车轮去掉，用螺旋桨来代替，出现了蒸汽轮船。后来逐渐发展，更为先进的核动力轮船也出现了。

在船舶的不断发展中，出现了不同用途的船舶。早期的船舶主要用于从事海上捕捞、运输活动。渔船是用来进行捕捞的主要船型，至今我们能吃到各种各样新鲜的水产品，渔船功不可没。接着人们的捕捞对象随着对海洋探索的不断深入发生了转移。鲸类是一类体型庞大，具有重要商业价值的捕捞对象。人们为此发明了捕鲸船，由于对鲸鱼的大肆捕杀，现在鲸鱼的生存状况已经岌岌可危。

在 20 世纪 50 年代以前，船几乎是唯一的海外客运途径。其实从 20 世纪开始，大型远洋客轮就登上了历史的舞台，英国是生产大型豪华客轮的大国。20 世纪初，英国白星公司建造了一艘大型豪华客轮——"泰坦尼克"号，这艘客轮不仅装饰豪华，而且搭载了 16 个全自动水密舱，即使是几个水密隔舱同时进水也不会沉没，人们称它为"梦幻客轮"。但是 1912 年 4 月 14 日，一个漆黑的夜晚，"泰坦尼克"号在首航时撞上了冰山，永远沉睡在了海底。

在蓝色的海洋上还存在着一种酷酷的海船，它们有着俊朗的外形，威武的气势，保卫着祖国的碧海蓝天，它们就是海上战舰。早在春秋时期，我国位于长江流域或海边的国家为了生存就开始建造战舰。之后经过各朝各代的发展，到明清时期，我国已经有了强大的海军编队。但是清末政治腐败，加上西方国家已经开启了工业化的进程，他们建造的战舰威力强大、坚不可摧，于 1840 年打开了中国的大门。自强不息的中国人为了加强海上边防，积极引进国外战舰，并着手研发属于自己的战舰。

战舰的种类很多，两次世界大战催生了很多战舰的产生，第一次世界大战期间，战列舰、驱逐舰、巡洋舰等战舰层出不穷，到"二战"时，除了传统舰艇，大型航母也加入了战争，并且取代战列舰的霸主地位，成为了耀眼的明星。战后，核动力战舰相继兴起，随着科技的发展，现代战舰已经高度自动化、电子化，成为了国防力量的重要体现。

这本《海船》从历史的角度全面解读了船舶发展史中的著名海船，书中不仅对海船做了详细的描写，而且我们认为书中每一艘海船在船舶的发展史上都有着特殊的意义，因此，我们将历史事件与海船相结合，让读者能够认识到每艘海船在当时的历史时期具有着怎样的意义，是否见证了一段历史的兴衰。

目 录

在人类发展的历史长河中，船舶不仅是人类赖以生存的工具，更是文明传播的媒介，人类从最初的树干、芦苇泅渡到木筏，再到独木舟、早期的战船，经历了漫长的过程。这期间出现了很多别具特色的船只以及船舶文明，以埃及人、腓尼基人、古希腊罗马人为代表的造船民族不断涌现，在早期船舶的历史发展中谱写了辉煌的篇章。

中国是建造船舶较早的国家之一，在长期的探索中积累了丰富的造船经验，建造出了一批优秀的船只，其中一些船型不仅在中国有着很深的影响，对外国船舶发展史也做出了巨大的贡献。除了中国，活跃在地中海等区域的一些古老文明的造船技术也很高超，他们大部分活跃在欧洲的中心地带，促进了欧洲文明的大融合。

海／船
Ships

Part 3
轮船的发展与演变

人们对船舶在不同的历史发展时期有不同的称谓，独木舟具备了容器形态，并且有干舷，可以称之为"舟船"，继独木舟后又出现了木板船。随着历史进程的不断推进，又出现了轮船。我国最早出现了人力驱动的明轮，后来传到西方，经过不断发展也演化出现了以蒸汽动力推进的螺旋桨船，逐步发展为现代轮船。

Part 4
用于渔业及运输的船舶

人类建造船只最初的目的很简单，不外乎是为了捕鱼，或者运输一些货物，所以在船舶发展过程中始终离不开这两点。人们最初利用渔船在近海从事一些海上捕捞活动，等他们发现海洋深处的鲸鱼后，开始建造捕鲸船，人类对鲸鱼大量的捕杀使得鲸鱼的数量逐年锐减，很多鲸鱼种类已经濒临灭绝。

  海上豪华游轮是人类将客船发展到巅峰的代表作，提起它们，很多人首先想到的是电影《泰坦尼克号》中那一艘超级豪华轮，这艘号称"永不沉没"的船只在碰撞了冰山后永远沉睡在了海底，但是人们对它的超级豪华程度念念不忘。其实除了"泰坦尼克"号，还有很多超级豪华游轮。

  在所有船舶类型中，有一种船舶守卫着国家的海洋主权，这类船舶就是"军舰"。"战列舰"在很长一段时期内都是海洋的霸主，直到"二战"后，它的地位才被航母取代。自鸦片战争以来，列强以坚船利炮打开了中国的大门，为了增强海防力量，中国开始引进国外先进的战舰，同时建造自己的军舰。

海/船

Ships

Part 7
海战中坚力量的巡洋舰 ·······················106

除了战列舰，在远洋作战中还有一类为航母舰队护航，保卫己方或破坏敌方的海上交通线，对海上目标进行打击，为登陆作战提供火力支援的大型水面战斗舰艇——巡洋舰，它的地位仅次于战列舰，是海军的主要舰种。

Part 8
海战中多面手驱逐舰 ·····················127

在军舰中有一类具有较强突击能力，同时担任多种任务的战舰——驱逐舰，它被称为"海上多面手"，因为它可以执行防空、反潜、反舰、护航、侦查、警戒、布雷、对地攻击、火力支援等多种任务。它是现在海军舰艇中数量最多、用途最广的舰艇。

早在 20 世纪初，人类就开始研发航空母舰，到第二次世界大战爆发之前，很多国家已经研制出数量可观的航空母舰，但是对于它的战斗力没有充分的认识。在"二战"中，航母展现出来的力量让世界各国震惊，这种以舰载机为主的大型水面舰船得到了世人的认可。自此航母逐渐成为一个国家海军力量的重要象征。

人类的智慧是无穷的，在发明水上舰艇的同时，人们将目光锁定到了海底，发明了潜艇。这是一种能够潜藏在海底对目标发动突然袭击的战舰。海水成了潜艇天然的屏障，加上消声技术的应用，潜艇成了海洋中的"狩猎者"，是航母的主要杀手之一。

海／船

Ships

Part 1

人类最早的船舶

在人类发展的历史长河中，船舶不仅是人类赖以生存的工具，更是文明传播的媒介，人类从最初的树干、芦苇泅渡到木筏，再到独木舟、早期的战船，经历了漫长的过程。这期间出现了很多别具特色的船只以及船舶文明，以埃及人、腓尼基人、古希腊罗马人为代表的造船民族不断涌现，在早期船舶的历史发展中谱写了辉煌的篇章。

人类最早发明的船

从太空上看，我们生活的家园是一颗美丽的蓝色星球，地球被大面积的海洋覆盖，海洋约占地球表面积的71%。纵观人类历史发展的长河，海洋文明一直伴随着人类从远古到现在。在浩渺的海洋上、蜿蜒曲折的江河中，远古先民建造了船只去探索这片神秘的地方。

可以说，船是人类探索海洋的工具，是联系世界各地的纽带，它的发明，是人类走向文明的一大重要转折点，直到今天，各类船舶仍然发挥着重要的作用：或是海上的战舰，保卫着我们的国家；或是游轮，带我们领略海上风情；或是渔船，为我们提供新鲜的水产品。

船舶是怎样诞生的呢？人类最早的船是什么样子的呢？在《圣经》中讲述了这样一个故事：自从亚当和夏娃在魔鬼撒旦的引诱下偷吃了禁果以后，就犯下了罪恶，上帝为了惩罚人类的罪恶，消灭魔鬼撒旦，就决定以战争的形式毁灭这个世界，但是义人会存活下来，得到永生，诺亚是正义之人，上帝决定将诺亚和一些正义的人留下来，就对诺亚说："看，世界败坏到了如此地步，有血气的生物全都陷在罪恶之中，完全违背了我当初造物的旨意。我现在后悔了，我要把这罪恶的世界毁灭掉，你要用歌斐木造一只方舟……"诺亚听从了耶和华的安排，建造了诺亚方舟，这便是最早的船。方舟建成后，诺亚带着他的妻子儿女和一些正义的人，以及鸟兽虫鱼进入了方舟。

我国拥有着灿烂的海洋文明，我国先民早在史前时期就与海洋有了接触，到了新石器时代，濒海先民与海洋接触更加频繁。在我国古代，就有"燧人氏以匏济水"的故事，我国第一部诗歌总集《诗经》中也说："匏有苦叶，济有深涉。深则厉，浅则揭。"这是说，当时要抱着葫芦渡河，河水深就连着衣裳渡河，河水浅就提起衣裳渡河。

在我国历史上有这样一则关于造船的故事。帝尧时，中原洪水泛滥，百姓愁苦不堪。帝尧命令禹负责治水，禹为勘察民情，指挥治水，需要建造一艘船。禹听说四川一座山上有一棵大樟树，是很好的造船材料，于是带领着木匠去伐木，等到了山上，神树化成了一位童子去阻拦禹砍伐，禹跟他述说了现在天下洪水泛滥的情况，神树童子答应了禹的要求。于是禹砍下这棵大樟树，造了一只既宽大又轻巧的独木舟。禹乘坐这只独木舟，到各地治水，经过几年努力，终于治理好了水患，从此百姓不再受洪水的侵扰。

神话故事是人们的某种感情寄托和向往，从人类历史上来看，船的具体诞生时间已经太过遥远，无法得知，但是经过考古学家和船史学家的努力探索，对人类最早的船有了一些了解。在原始社会，人们获取食物的来源主要是野外采摘果实。生活在海边、江河湖边的人们可以到水边捕鱼。但是没有涉水工具，生活还是很艰难，例如，当他们追赶一些猎物时，猎物一旦跑到河对岸，人们就没有了办法；当岸边的鱼群不能满足人们的需求时，人们想要去深海捕鱼，但是没有水上工具是无法办到的。又如，一旦洪水泛滥，人们的生命财产会受到严重的威胁。

人们不断地与水打交道，渐渐在实践中发现：一些芦苇、树干、落叶等会浮在水面上。一些大胆的人开始尝试抱着一根树干在水上漂流，可能是某一次的成功，人们竞相效仿，从此树干就成了他们渡河的主要工具。但是树干是圆形的，在水中容易翻滚，遇到水波不平，或是来一阵狂风，都有可能令圆木翻滚，使人们掉到水中，遇到不识水性的人，就只能一命呜呼了。

古代木筏

后来在不断的探索中，人们用草绳将树干绑在一起，这样，圆木就不会翻滚，人们可以在水上平稳地行驶，也能愉快地捕鱼了，后来逐渐发展成了木筏。

木筏已经是很便利的水上工具，但是绑木筏的草绳会逐渐被腐蚀，所以一个筏子的寿命也不是很长，人们开始探索新的水上工具。人们发现，单根的大木头要比几根小木头连在一起制成的木筏的浮力更大，只是不如木筏平稳，聪明的人们开始用利器对整根圆木进行加工，但是所谓的利器并不像现在的刀、斧那么锋利，所以效率很慢。后来人们从火能烧掉木柴中获得启示，将圆木需要烧掉的部分留出来，将不需要烧掉的部分涂上厚厚的泥巴，经过火烧的木材再用利器加工就很容易了。

再后来，人们发现圆木中间挖得越多，所能装载的人和东西也越多，于是人们想方设法将树干掏空，所以圆木中间的凹槽越来越大，逐渐形成了独木舟的初始形态。在驾驶独木舟的过程中，人们又发现，将独木舟的头部做成尖形更有利于航行，于是尖尖的独木舟被制作了出来。

但是在中欧一些地区，航海的历史并不是由独木舟开始的。公元前8000年前后，最后一次冰期快要结束时，林木、冻土还没有复苏，当时的狩猎民族要生存，但是糟糕的是，融化的冰水阻断了他们捕食的道路，为了追赶猎物，人们尝试着用充气的兽皮来渡河，于是发明了早期的船只——皮船。皮船和独木舟的制造，逐渐开启了造船业的开端。

古埃及的造船技艺

提到古埃及，我们自然会想到在一望无际的沙漠中一座座宏伟的金字塔，屹立在苍穹下，经过千百年的风吹雨打，仍然散发着迷人的光辉，特别是法老墓中各种精致的木乃伊充满了神秘，让人想去一探究竟。生活在地中海南岸的埃及人，在尼罗河沿岸诞生了灿烂的埃及文明，而船舶文明是埃及文化中重要的组成部分。

埃及的树木稀缺，埃及人当时的船只大部分是用芦苇绑在一起制成的。到公元前1500年，埃及人开始从腓尼基引入树木，建造船只，船上挂有风帆，但是这种帆船只能顺风航行，即使如此，埃及人还是乘坐它到了很多地方。埃及人沿着地中海航行，到达了西奈半岛，将那里的砂岩、铜矿石运回来进行加工；埃及人还到达黎巴嫩、叙利亚等地，那里的橄榄油和雪松十分出名，埃及人也用帆船运了回来。

在埃及这块土地上，几乎没有陆上道路，因为每年的洪水都会将一些新建的道路冲毁，历经多次后，埃及人不再兴建通往周边的道路，而是利用尼罗河与周边进行交流、贸易。所以，水路运输是古埃及重要的运输方式，造船业自然十分发达。埃及人常常行驶到红海和地中海东部的港口，沿着尼罗河直下到达努比利，在那里有着丰富的金矿、铜、紫晶。

尼罗河是贯穿于埃及的一条生命之河，这条河流充满了危险，时常会有暴风雨光顾，有时也会风平浪静，但是这也不见得是一件好事，因为没有了风，帆船会行驶缓慢。奔涌的尼罗河时常会淤泥堆积，也会对行走在水面上的船只造成巨大的影响。不过即便如此，埃及人还是从很早以前，就开始建造船只以备运输、捕捞和生活享受。

古王国时期（前2686—前2181年）是埃及发展的一段辉煌时期，多方面文化经过融合达到了埃及历史上第一个巅峰。埃及的造船技术也得到很快的发展。古埃及的船帆与阿拉伯人的不同，一般为矩形，

古埃及木船

船帆的上部系在桅杆上，下部则固定在舷墙上，经过发展，后来将整个帆都固定在桅杆上。人们发现船帆的收卷也很麻烦，于是在制造船帆时在其边缘留有一些绳索，用来捆绑、收卷船帆。

埃及人很喜欢探索和发现。15 世纪初，他们的海上贸易和探险活动开始受到政府的管理与支持。在哈特谢普苏特女王统治时期，派出了探险队远征非洲东海岸。大约在公元前 1490 年，埃及哈兹谢普鲁特皇后执政期间，埃及商人从地中海出发到靠近亚丁湾的东非索马里沿岸地区进行贸易活动。他们将那里的黑檀木、象牙、金子、珠宝等带了回来。

古埃及与周边国家贸易的盛行促进了埃及经济的发展，成长起来的埃及帝国需要强大的海上军队来保护。古埃及的很多法老都建立了庞大的海军舰队。其中皇家舰队是古埃及重要的一只舰队，它很好地展示了埃及帝国的强大。皇家舰队由皇家舰队长统领管理，这个职位比军队长官的职位还要重要。皇家舰队在不同的历史时期发挥着不同的作用，多数时期是用来保卫埃及帝国，也有一些时期，皇家舰队还担任着征收尼罗河漕运税款的任务。

随着埃及帝国的衰落，埃及政府已经没有能力建造漕运船队，于是私人贸易船队开始逐渐出现。古埃及晚期，古希腊人和腓尼基人驾驶船队来到地中海，接手了古埃及的统治，建立了殖民地。埃及的造船技术也被希腊人和腓尼基人学了去。

古老的埃及总是充满了神秘，在一些特定的节日里，总会举办一些庄严的祭祀活动。清晨的阳光照在那高大神像的顶端时，属于"太阳神"的一天开始了。法老和侍从们井然有序地走进祭祀神殿，进行祭祀祈祷。在祭殿中供有太阳神乘坐的帆船，船为新月形，一个大大的金盘在阳光的照耀下更加夺目光彩。传说，太阳神每天会乘坐这艘船遨游太空。

在祭坛上还有一艘镀金的新月形方舟，这是太阳神阿门的帆船。每当祭祀太阳神阿门时，法老就会率领众侍从到尼罗河岸，将太阳神船放入水中，让神灵抚摸尼罗河，以祈祷神灵对这条主宰埃及兴衰的河流的保佑。法老过世后，除了金银珠宝等陪葬品外，船也是重要的陪葬品之一，因为只有法老和尊贵的侍从才能登上位于祭殿中的太阳神的帆船。传说，在他们死后可以登上太阳神船。在埃及法老墓的考古中发现了船的模型，这些船制造精美，代表了埃及高超的造船工艺。在孟菲斯古城中还发现了雕有造船画面的浮雕画。

古埃及的船主要以风帆配合桨来划动。法老的船上，划手是精心挑选的，他们大都是强壮的武士。划手通过操纵船尾的两个舵橹来控制方向。后来，埃及人又把这两个橹系在甲板的梁上，转动该梁就可选择所需的航向。在船上系有方帆，但是这种方帆只能顺风航行。

在埃及女王哈特谢普苏特的庙中壁画中画有古埃及的货船。从壁画上可以看出，船上已经装有操舵设备，还有乳香树、树脂、象牙等货物。这些埃及人多半是顺着尼罗河航行，向北到达黎巴嫩，向南抵达位于现在索马里领地的蓬特国，从那里带回象牙、木材、药材等货物。

船只在海洋上行驶并不像是在普通河流中行驶一样，行驶在海洋上的船只往往会更坚固。埃及人为了能提高船的坚固性，用一种粗麻绳将船首与船尾紧紧相连，它能够在船遇到大风大浪时保证船体不被破坏。

功不可没的腓尼基人

埃及帝国逐渐没落后，一个大航海民族——腓尼基人开始崛起，腓尼基人十分擅长造船技术，他们在埃及和克里特岛居民造船技术的基础上，建造了自己的船只，不久后便出现在整个地中海，他们的足迹遍及法克兰、英格兰，并在非洲一带进行海外贸易，并且成为了当时的海上霸主。

腓尼基人是一个善于发现和创新的民族。他们很积极地开拓海外事业，时常出没在大西洋。在长期的实践探索中，腓尼基人积累了丰富的航海经验，他们懂得利用日月星辰进行导航，成为了人类天文导航的先驱。航海技术的发达促进了腓尼基人造船业的发展，他们建造的船只带有舰首撞角，能够在正常贸易的同时带来一些额外的收入。这种海盗般的行径，让很多人感到害怕。

加勒比海这片神秘的海域位于北美洲东南部，这里碧海蓝天，阳光明媚，但是也充满了凶险，因为这里是海盗的天堂。欧洲大陆的商旅舰队每次经过这里都要小心翼翼。电影《加勒比海盗》使得我们对这里的海盗有了更深的认识。

人类对海盗最早的记录，是在公元前13世纪，一块简陋的碑文，短短数语，却道出了海盗存在的事实。在海盗发展的历史中，地中海和加勒比海的海盗最有名，而地中海海盗是最早出现在图文记录里的，腓尼基人当之无愧成为了海盗的始祖。

腓尼基位于地中海东岸北部的沿海地带，疆域很小。"腓尼基"是古代希腊语，意为"紫红色的国度"，为什么会有这么奇怪的名字呢？据说，当时埃及、巴比伦、希腊的一些王公贵族十分喜欢穿紫红色的袍子，这些袍子虽然亮丽，但是有一个缺点，时间长了会自动褪色，褪色后的袍子十分难看，所以不得不换一件新的袍子，他们为此感到十分苦恼。当时在地中海东海岸有一个民族——腓尼基人，他们生产一种绛紫

腓尼基人制造的船

色的颜料，这种颜料有一个好处，就是不会褪色，所以腓尼基人总是穿着亮丽的紫红色的衣服，大家都十分羡慕腓尼基人，称他们为"紫红色的人"。

腓尼基人与埃及、叙利亚等地建立了贸易关系，埃及人缺乏造船的树木，腓尼基人将树木、绛紫色染料、象牙、橄榄油等商品出售给埃及，同时这些商品也销往其他国家。同时腓尼基人从埃及带回亚麻，从塞浦路斯带回铜，从中亚进口锡和铁。

腓尼基人虽然穿着亮丽的衣服，似乎热情似火，但是他们行事却像冰块一样寒冷，残酷而没有温度。腓尼基人首先在塞浦路斯岛上建立了一些殖民地，后来抵达了克里特岛，他们继承了克里特岛上先进的航海技术和造船技术，使自己变得更强大。腓尼基人进一步拓展航线，先后到达了巴尔干半岛、亚平宁半岛，最后发现了西西里岛，腓尼基人认为这里已经足够远，于是在该岛建立了边防城市。后来在不断的探索中，他们发现在西西里岛的南部还有岛屿，于是渴望探索未知的腓尼基人又发现了马耳他岛。后来还发现了巴利阿里群岛和撒丁岛。腓尼基人还到达了非洲北部海角，在那里建立了自己的殖民城市，即迦太基城。迦太基城后来发展为西部地中海最强大的国家。在海上航行的过程中，腓尼基人到达了"米卡尔特柱"，即直布罗陀海峡。

船只是它们进行领土扩张的主要工具。因此他们的造船业十分发达，制造出了"投石战船""弩炮战船"等一系列战船，他们乘坐这些战船或是在海上抢劫，或是快速登岛抢夺财富。很快人们送给他们一个"美称"——"海上强盗"，这些海上强盗每占据一处，就划为自己的地盘，其中不少城邦都成为了后来海盗的重要据点。推罗是一个天然的港口，它由一块沿岸地带和一个小岛组成，腓尼基人看重它独特的地理位置，率领船队占领了这片土地，将其发展为当时著名的商业中心。公元前 12 世纪初，腓尼基人将西班牙和北非等地划为了自己的势力范围，腓尼基人的海上事业达到了顶峰。

在腓尼基繁盛的时期，可以说整个地中海都是腓尼基人的天下，他们在贸易与领土扩张的过程中，不仅促进了当地经济的发展，同时将当时最鼎盛的巴比伦文明传到了希腊，但是由于腓尼基人的文字大多记录在羊皮卷上，而这些羊皮卷终究抵不过日月的侵蚀，逐渐淹没于历史的长河中。

腓尼基人不仅有着十分出色的造船术，而且他们对天文、大海的认知远远超过了其他一些国家。在海洋上行驶的过程中，他们发现每次都是先看到远处船只的桅杆，然后才看到船身，因此他们认为地球是圆的，这在当时的科学技术条件下已经是个了不起的认识。腓尼基人还很会观察星位，他们发现在北方洋面上行驶时可以看到许多明亮的星星，但是当船只向南航行时，这些星星的位置就越来越低，有的甚至完全消失了。聪明的腓尼基人通过细心的观察判断建立了科学的航海术。

公元前 7 世纪，腓尼基人的一次环绕非洲大陆的航行被永载史册，为世界航海史做出了突出贡献。他们受古代埃及第 26 王朝法老尼科二世的雇用，从埃及三角洲的赛易斯出发，开始了人类历史上第一次环绕整个非洲大陆的航海活动。腓尼基人驾驶三艘船只，经过红海，沿着非洲东海岸向南航行。历时两年多，历经种种困难的腓尼基人终于完成了环绕非洲一圈的航行，穿过直布罗陀海峡，回到了地中海。

古希腊及罗马的造船技术

在希腊爱琴海萨罗尼克湾内有一个很小的海港，这个海港平时很是安静，只有一些来往的商船拥抱着温暖的阳光，荡着碧波，或是停在港口卸载货物，或是离开港口，驶向天际的尽头。但是有一天，从海港向海面望去，在天际的尽头整齐地排列着一排风帆，若说那是一支庞大的商船队，似乎有些过头了，因为这个小小的港口还没有见到过这样规模的船队。

不一会儿，可以看清船队的身影，那是一艘艘波斯风格的船只，迎着顶风艰难行走，水手们用船桨拍打海水的声音此起彼伏，虽然没有整齐划一，但是让人听起来还是有些紧张。当一把把武器在阳光的照耀下反射出刺眼的光芒时，希腊人明白了，这可不是友好的商船队，是波斯人来进攻了。

波斯人成功地来到了港口，但是他们发现，港口上除了几艘破旧的停船外，一个人也没有。波斯人很开心，他们认为，是希腊人不敢出来应战。正当他们扬扬得意时，突然前方、左右的战船都传来了惊异的声音："他们来啦，这是什么，三层舰？"是的，一艘艘三层舰将波斯船队包围，在凛冽的海风中，三层舰上五颜六色的风帆彰显着迷人的魅力。希腊人并没有退缩在岛上，他们只是在等待一个时机，等待波斯人进入港口，自投罗网！

这次历史事件中的三层舰就是希腊制造的三层桨座战舰。这种船是在腓尼基人船型的基础上建造出来的，船长达40米，船上装有辅助撑杆和风帆，船首装有撞角，每个船舷上有三层桨，为了提高航行速度，在该船上配备了三班划手，可搭载400多名划手。同时，甲板上还配备了数百名战士。这种船机动性很强，能够快速推进和撤离，也能发动突袭。

三层桨座战舰有着极其严格的组织纪律性，舰长为总指挥，航海长负责控制舵轮。舰上有监督划手的军官，并为他们配有助手，这些助手每个人都负责一侧舷上的一层桨。三层舰上的战斗分队，分别由自己的军官指挥。在以后很长一段时间，地中海一带的造船厂再也没有造出能与之媲美的船只。

但是这种强大的三层桨座战舰没能保住希腊的帝国地位，希腊帝国灭亡后，很多国家都想占领这片肥沃的土地。其中要数迦太基人与罗马人的竞争最激烈，为此还爆发了战争。迦太基城是腓尼基人建立的一个殖民城市，后来独立于腓尼基人的统治，建立了自己的国家，发展成为当时的海上强国。而罗马是当时的陆上强国，罗马人要想争夺地中海的统治地位，必须经过横亘在中间的迦太基，正好迦太基人也不愿放手这块肥肉，于是两个国家就打了起来。

在与迦太基的战争中，罗马人吃了不少亏，因为迦太基人强大的海上力量实在令罗马人头痛不已，几经战败的罗马人开始仿造希腊和迦太基的船只建造战舰。但是罗马人明白，若是新战舰建造后与迦太基人的船只相同，那也没什么优势，最多势均力敌。于是罗马人开始想尽办法建造更为强大的战舰。

古罗马战船

罗马人自认为十分强壮，个个都是勇猛的武士，但是这种优势很难在海上发挥出来。在与迦太基人的交战中，他们发现，这些迦太基人十分狡猾，很少与自己展开近身肉搏，大多数时候是在远处投掷石器等利器，这让罗马人十分愤怒，他们在想一种办法来接近迦太基人。聪明的罗马人终于想到了一个很好的办法，他们在每艘罗马船上都装上了跳板，以后每次对战，罗马人都会打开这种跳板，飞身到迦太基的船上，与敌人展开肉搏。迦太基人哪里受得了这种强大的近身肉搏战，不久便败下阵来。

罗马人在占领希腊人居住的西西里岛后，从希腊人那里学来了先进的造船技术。同时罗马人在打败迦太基人后，自觉海上力量已经无敌，开始注重发展贸易。罗马人根据希腊商船的制造技术建造了更为先进的商船。新商船上加上了龙骨和横梁，船的壁板由一块块木板粘合在一起，中间用铜钉、铁钉或销钉钉住，为了更好地防止水的侵蚀，在板层中塞上麻絮或灌入蜂蜡。船尾两侧舷上装有舵橹，船上风帆仍然是方帆，在船首设有一个小舱。这种商船为客货两用，在当时的地中海中常常可以看到这种商船出没，对罗马帝国的经济生活起着重要的作用。罗马商人将北非、黑海等地的货物源源不断地经地中海带回罗马，同时罗马商人也从罗马出发，向北抵达大不列颠，寻找那里的锡矿。

罗马人不仅建造一般的商船，他们还建造了专供罗马帝王游玩的超豪华型娱乐船。罗马皇帝卡利古拉曾在内米湖建造了一艘富丽堂皇的船只。船体是木制，船底较平，甲板的支柱是用黏土烧制的空心圆柱，内舱的甲板用大理石砌成，尤其是浴室和化妆室，颇为豪华。每当得知国王要来时，这艘船上就会被布置一新，甲板被布置成花园，船内的地板和家具被擦得光彩照人。等卡利古拉来后，就在船上宴饮几天。但是这样一艘豪华的船只却毁灭于战火中，没能保存下来。

Part 2

古代著名的海船

中国是建造船舶较早的国家之一，在长期的探索中积累了丰富的造船经验，建造出了一批优秀的船只，其中一些船型不仅在中国有着很深的影响，对外国船舶发展史也做出了巨大的贡献。除了中国，活跃在地中海等区域的一些古老文明的造船技术也很高超，他们大部分活跃在欧洲的中心地带，促进了欧洲文明的大融合。

海上楼阁——楼船

中华文化源远流长，著名诗人陆游曾有诗句"楼船夜雪瓜洲渡"，诗中提到了"楼船"一词。楼船是我国古代著名的大型战船，其主特点是在甲板上建造了多层建筑。我国古人对居住条件十分讲究，现存的苏州园林等中式建筑就是最好的代表。古人将这些建筑挪到了船上，远远望去，就像是一座楼阁卧于水面，所以称之为"楼船"。

我国古代在火药没有发明之前，水面打仗主要是弓箭手对射，"草船借箭"的故事家喻户晓。弓箭射完了该怎么办呢？这时就要靠近对方的船只，舰首装有撞击武器的战船会加速撞击敌船，倘若是一般的运输船，就要缓缓靠近敌人，登上对方的船只，进行肉搏攻击。这时候单个士兵的战斗力很重要，但是人多力量大，再勇武的战士也抵不住多人的围攻，所以人多的一方获胜的机会更大。舰船的大小直接决定能容纳的水手和士兵的数量，以及舰船的撞击力的强弱。楼船船身高大，相比一般战船来说战力更强。但是由于船上的建筑太高了，重心不稳，所以每当这种大船在水面上行走时总会给人一种喝醉酒、摇摇晃晃的感觉。

我国春秋时期是一个战乱的时代，人们为了加强战船的战斗力，纷纷开始建造更大的船只，楼船就开始出现了。吴国建造了大型楼船——余皇，吴王率领将士驾驶这艘大船在与楚国的交战中所向披靡，给楚人留下了深刻的印象。吴国屡次大胜使得楚国上下人心惶惶。那是一个强者居之、择善而从的时代，一些楚人看到吴国的强大开始投奔而去，当时楚国大夫伍子胥便是其中之一，他在一次与吴王的谈话中说："楼船者，当陆军之楼车。"

汉代的造船业非常发达，已经有了客船、货船、战船等不同类型的船，其中很多战船是从民用船只发展而来的，但较民用船只要求更高，结构更加紧凑，船体更加坚固，而且配备有多种进攻性武器，其中以楼船为代表，其外观巍峨威武，船上列矛戈、备弓箭，戒备森严，攻守得力。

楼船成了水军的代称，也是对战船的通称，水兵称为楼船卒、楼船士，水军将领称为楼船将军、楼船校尉等。这时候的楼船较之前，体型更加庞大，也更为先进。汉武帝曾经下令在长安城西南挖建方圆40里的昆明池，用来建造大型楼船。对此史书有记载，《史记·平准书》中说："是时，越欲与汉用船战逐，乃大修昆明池，列观环之，造楼船，高十余丈，旗帜加其上，甚壮。"就按十丈来算，这艘楼船也有30多米高，相当于现在的8层楼那么高，可以想象这是个多么庞大的家伙。

关于汉代楼船，刘熙在《释名》中说："楼船体势高大，上面有三个楼层，第一层叫'庐'，'像庐舍也'；第二层，即'其上重宝曰飞庐，在上，故曰飞也'；第三层，'又在上曰爵(雀)室，于中候望之如鸟雀之警示也。'"这三层建有女墙，用来防御敌人弓箭的进攻。女墙上开有射击的窗口，士兵可以从这里射击。楼船上设备齐全，已使用纤绳、楫、橹、帆等行驶工具。

楼船

汉代海上力量较为强大，所以每当发生海上战役时，场面分外壮观。行驶在最前方的战船名为"先登"，"艨艟"是用来进行主要攻击的战船，也有身形矫健的赤色快船——"赤马"。楼船用来做什么？楼船是大型战船，有时用来攻击敌人，有时用来观察战况，因为它那高大的身躯，足够提供开阔的视野。

我们都知道汉武帝雄才大略，开创了汉武盛世，将汉朝建设成了当时世界上最强大的国家之一。汉武帝还十分重视海上事业的发展，开辟了新的海上路线，他曾乘坐由楼船等船只组成的船队多次巡海。

汉武帝第一次东巡海上到了东莱（今山东掖县），他自古仰慕秦始皇派徐福远到日本求仙药一说，甚至想要亲自去寻求仙药，在大臣的苦苦劝说下，才放弃了率船前往的念头，但他还是派遣了与徐福东渡规模差不多的船队探访去日本的道路，这批人自然没有寻得仙人，垂头丧气地回到了长安。

汉武帝曾派楼船将军杨仆率水军进攻朝鲜，卫氏朝鲜灭亡后，汉武帝在朝鲜设立"汉四郡"，并开拓海外路线，中日之间的海上通道自此被打通。

后来汉武帝又多次巡海寻求仙人。他最后一次巡海时已经年老体弱，寻求仙药之心更加强烈，决定亲自远到海外求仙，群臣又是苦口婆心地谏阻，但汉武帝心意已决，势要寻得仙人。在他出发那天正好赶上海上狂风大作、巨浪翻滚，汉武帝只好退了回来，此后十日仍然没有停歇的迹象，楼船不能出港，汉武帝只好长叹，说天意如此，不可强求，下令班师回朝。回到长安后，汉武帝采纳了大臣的建议，不再派人出海寻求仙人，并感慨说："从前愚惑，为方士所欺。天下岂有仙人？全是妖妄，还是节食服药，少得点病就行了。"

史书记载的汉朝时期的楼船已经够庞大了，但是到了三国时期，追求极致的吴国水军甚至建造了 5 层楼船，如著名的"飞云""盖海"等大型楼船，可搭载士卒 3000 人，雄伟壮观、战力无匹。此后，在历代水军中，楼船成了一类重要的主力战舰。明朝时期，著名航海家郑和率领船队远下西洋，开创了我国航海史上的壮举，楼船也是当时船队中重要的船只之一。

中国名船之"福船"

明朝时期，一次航海史上的壮举被永载史册，一个闪耀着光辉的名字留在每个中国人的心中，他就是著名航海家郑和。郑和曾率领庞大的船队七下西洋，拜访了东南亚沿线30多个国家，开创了我国航海史上的一次壮举，同时在世界航海史上也有着重要的地位。郑和船队所用的船只主要为宝船，它是对超大型福船的一种通称。

从现今发现的独木舟开始算起，中国已经有着7000多年的造船历史，这期间随着造船技术的积累，不仅仅是船型逐渐增大，船的操纵性也逐渐提高。福船是中国"四大古船"之一，是我国古代著名海船船型，福船特有的双舵设计，使其在浅海和深海都能进退自如，适合于海上航行，可以作为远洋运输船和战船。

其实较早的福船在宋朝就出现了，宋人说："海舟以福建为上。"福建地处东南沿海，物产丰富，气候宜人，盛产的杉、松、樟木等是很好的造船木料。同时，福建邻近南北急流的黑水洋，自古常有突发性狂风恶浪，这也使闽越先民具备丰富的航海经验，早在先秦时期，那里的古人便制成了首尾尖高的独木舟。到宋朝时，福建已经是全国著名的造船中心。

这时的福船为尖底造型，以小方头阔尾营、多水密隔舱为主要特点，船体宽大结实，所以能装载更多的货物；其结构坚固，稳定性好，吃水深，能够承受海上的大风大浪，适合于远洋贸易。这一时期的福船主要以贸易为主，后经过宋元至明前叶的逐步发展，福船成为我国古代商人航行于"海上丝绸之路"的主要帆船。

明代是我国造船的一段高峰时期，很多史书都记载了明政府为了充实军备而建造战船。明朝实施海禁政策以后，与周边的国家建立了朝贡关系，再加上倭寇不断骚扰沿海地区，明政府对船只的需求增加，

福船

开始建造大量商船、战船。除了前代楼船、艨艟、海鹘、走舸等外，还有九江式哨船、划船等。当时战舰有二十多种，其中著名的战舰多为福船和广船。

福船船体高大，甲板宽敞，为船员以及装备的放置提供了很大的空间，宽敞的甲板还是欣赏海上风景的好去处。连续的舱口依次整齐地排列在甲板上。船首两侧还有一对船眼，寓意破开迷雾、掌握航向。

作为战船的福船十分高大，共有四层，最底下的一层里面装有土石，为压舱、增强福船的稳定性，就像盖房子一样，建有基石，以稳固房屋。二层主要是居住舱室，士兵、船员都住这里。三层是作战场所，作战时士兵居高临下，射以弓箭、火炮，投以戈、矛、石器。其得天独厚的位置往往能够取得战场中的优势，所以胜率比较高。

对于福船，史书《明史·兵志四》有记载："（大福船）能容百人。底尖上阔，首昂尾高，柁楼三重，帆桅二，傍护以板，上设木女墙及炮床；中为四层，最下实土石，次寝息所，次左右六门，中置水柜，扬帆炊爨皆在是。最上如露台，穴梯而登，傍设翼板，可凭以战。

矢石火器皆伏发，可顺风行。"

福船首部尖锐、高昂、结实，装有撞击装置，再加上庞大的船体、巨大的吨位，在作战时能够对敌舰进行强有力的撞击。其船尾较宽，与船首呼应，首尾高昂，为了防止敌舰从侧面撞击，两侧装有护板。所以对敌舰来说，撞击首尾不是一个很好的选择，侧面撞击是最佳方式，当然前提是能抵住那弹如雨下、威力强大的炮火。

抗倭名将戚继光在浙江抗倭时，建造了大量战船，其中福船也是其主要的战船之一。

戚继光建造的福船战力强大，配有五甲：第一甲为佛郎机甲，可以发射弓箭，当敌船接近时，可投掷火砖、烟罐等火器；第二甲是鸟铳甲，施放鸟铳；第三、四甲为标枪杂艺甲，当敌人接近时使用刀枪、打石，倾防火药；第五甲火弩甲，专射火箭。戚继光曾这样评价福船："福船高大如城，非人力可驱，全仗风势，倭船自来矮小如我小苍船，故福船乘风下压，如车碾螳螂。斗船力而不在斗人力。"

中国名船之"广船"

广船与福船都是南洋深水航线的著名尖底船。广船产于广东，为我国古代四大船型（广船、福船、沙船、鸟船）之一。广船起源于春秋时期或更早时期，在唐宋时期得到发展，及至元明开始自成一派，成为了我国著名的船型之一。

广船是广东各地大型木帆船的总称。广东与福建临近，所以广船与福船在很多地方都很相似。首先从船型上来看，两者都是上面宽下面窄，有着尖尖的船底。其次在大小上也很接近，远洋船一般都长30多米，宽约10米。明代东南沿海倭寇猖獗，明政府在抵抗倭寇时，广船和福船都是重要的战舰。其中东莞的"鸟艚"和新会的"横江"

成为了广船中著名的战舰。

广船船体修长，头部锐利，上宽下窄，线型瘦、尖底，梁拱小，甲板脊弧不高，结构坚固。广船是由早期的圆底船经过长期的改造而逐渐形成的。广船的船底特别尖，这在其他的船上是不多见的。它的底部虽然很尖，但是船只的稳定性很好，不易翻沉，在海中能够快速地摇摆。制作船舵的材料为铁力木，这种木材结构较细，坚硬强韧，耐磨性、抗腐性强，是很好的建造船舶的材料。即使遇到大风大浪，船舵也不易折断，能够很好地保证海上行驶的安全。广船上还配备了大面积的风帆，这对于远洋航行很重要。

广船最为特色的地方就是采用了"多孔舵"，其舵叶上有很多菱形的小孔，每当遇到急流时，就会通过这种舵进行排水，舵上面的小孔能够使得船受到水流的阻力减小，更易于操作。后来这种先进的"多孔舵"引起了西方工程师的注意，他们学习和模仿广船的"多孔舵"，并把这一技术用到新建的船只上。

对于一艘远洋航船来说，安全性和装载量是十分重要的。远洋航船一般都配有多个船舱，这些船舱的防水性必须做好，否则一旦其中一个船舱进水，其他的船舱也会受到影响。广船上有多个"水密隔舱"，这些船舱彼此分隔，即使是一个船舱进水，其他密封的船舱也不会受到海水侵蚀。

广船上的风帆也别具一格，和欧洲国家普遍采用的方帆不同，广船上用四角帆进行纵向帆装。这种四角帆装在多根桅杆上，在海上航行时能够减小海风的阻力，获得更快的航速。船只在茫茫大海上行驶是很枯燥的，更快的航速能够在更快的时间内到达目的地，这对于船上的人来说是一件欣慰的事。

广船能够进行远洋贸易，其制造材料耐腐蚀、抗氧化、强度大、不易折断。广船的制造材料多为热带硬木，船上的主梁、横梁等重要的木材都采用东南亚的珍贵木材。同时在海外贸易中,海外许多珍贵的木材也成为了广船的制造材料。由于使用了珍贵的木材,广船寿命很长,可达 60 年之久。可能几代商人都会乘坐同一艘广船。

著名的"耆英"号是中国第一艘远洋木帆船,这艘船曾穿越大西洋,直至欧美,它就是典型的广船。"耆英"号建成于清道光二十六年(1846 年),以当时的驻广州钦差大臣耆英的名字命名。耆英曾经签订了中国近代史上第一个不平等条约,即《南京条约》,将香港割让给了英国。

"耆英"号船体庞大,全长近 50 米,宽约 10 米,整个船身材料主要以柚木造成,船上有 15 个水密隔舱,这些隔舱水密性好,内部宽敞,可以装载大量货物。船上有 3 个桅杆,主桅高 27 米。

"耆英"号是当时广船中最具代表性的船只之一,这艘船建成后引起了西方的注意。英国是当时世界上的海洋大国,英国人对船只有

中国古代广船

着独特的感情，中国的明轮曾给了他们很多启示，当他们看到中国人建造了"耆英"号时，他们对于这艘具有中国特色的船充满了好奇，于是花大价钱买下了"耆英"号，用来考察、研究。

1846年12月6日，"耆英"号在礼炮声中缓缓地驶出了港口，开始踏上前往英国的旅程，然而这段旅程不仅十分艰难，而且最终将"耆英"号送到了生命的终点。"耆英"号前往英国在当时是一个爆炸性的消息，因为还没有一艘中国船只远渡大洋到达过英国。所以在"耆英"号要出行的那一天，港口上人山人海，大家纷纷想一睹这艘船的风采，同时默默地祝福它一路顺风。平民百姓只能在远处驻足观看，唯有香港总督德庇时爵士、海军舰队司令托马斯·科克伦爵士、舰队的军官们以及一些香港著名人士登上了"耆英"号，向人们挥手致意。

"耆英"号在航行途中也不是一帆风顺，漫长的旅途中充满了危险，时不时有狂风暴雨光顾。在船只绕过好望角时，遇上了一场大飓风，船只剧烈摇摆，到了考验"耆英"号是否坚固的时刻。船上的人都很担心，不仅为了这艘中国的名船，更为了他们的生命安全，若是在茫茫大海上出事，生还的机会十分渺茫。值得庆幸的是，"耆英"号经受住了考验，成功闯出了飓风的包围，沿着航线开始驶向英国。

自古名船多磨难，"耆英"号驶离圣赫勒拿岛后本来打算直接前往英国，但是猛烈的逆风和急流使得"耆英"号偏离了原来的航线，进而朝美洲方向驶去。船员发现了这一情况，努力迎风而上，但是行程缓慢，船上的食物和水源渐渐供给不足，船长决定将船驶向纽约进行补给，再到英国。于是"耆英"号到达了美国。

在纽约停泊时，这艘来自中国的船只很快吸引了各类人群前来参观，"耆英"号在得到了一笔颇丰的收入后，又到访了波士顿，之后开始前往英国。经过21天的长途跋涉，"耆英"号终于到达了泽西岛的圣奥宾海湾。英国维多利亚女王等各方人士都参观了"耆英"号。

之后，船只被很快拆解，只留下了一些纪念品，彰显着它昔日的风采。

中国名船之"沙船"

沙船不是运沙子的船，也不是能行走在沙漠中的沙漠之舟，它是一种遇沙不易搁浅的大型平底帆船。沙船也叫做"防沙平底船"，它的底部平整，吃水浅，能够在长江一带泥沙堆积的地方自由行走。沙船是我国古代近海运输海船中的一种优秀船型。在唐宋时期已经成型，是当时北方近海航行的主要船只之一。

史料对沙船有相关记载。明代茅元仪《武备志·军资乘·沙船》中说："沙船能调戗使鬭风，然惟便于北洋，而不便于南洋，北洋浅南洋深也。沙船底平，不能破深水之大浪也。北洋有滚涂浪，福船、苍山船底尖，最畏此浪，沙船却不畏此。"清代著名文学家魏源在《圣武记》中说："请言舟制⋯⋯曰沙船，调戗使风，三桅五桅，一日千里，大帆长驰，增以舷栅，江海是宜。"

沙船为我国古代四大船型之一，沙船与其他的船型有很大的不同，其他船型一般都会有尖头、尖底，沙船则完全相反，它方头方尾，重心低，所以航行平稳。为了能够在长江口及沿海行驶，沙船上的建筑较少，所以吃水浅，受到风的阻力较小，能够在淤浅的地方较快地行驶。沙船的船身宽，所以甲板面十分宽敞，采用大梁拱，使甲板能迅速排浪，船上装有多桅多帆，能够快速地航行。沙船采用平板龙骨，结构强度较大，船上有水密隔舱，抗风浪能力较强，所以沙船得以行驶到非洲。沙船的船舵面积很大，而且能升降，当出海航行时，将船舵降到船底，用来增强船的稳定性，当在浅滩行驶时，将舵升起来，保证船只顺利航行。

综合来看沙船有方头、平底、方梢、浅吃水的特点。这种船型既可以在江河湖泊中航行，也可以在沙质海底的海域航行，不怕搁浅。平底、吃水浅能够保证沙船在遇到不同的风向和潮向时，受到的影响大大减小。

　　沙船的近海航行性能优越。沙船上桅杆高大，大面积的船帆可以很好地利用风向来航行，沙船不仅能顺风航行，而且由于自身的特点受到的阻力较小，逆风也能快速行驶，甚至顶风顶水也能破浪前行。即使是遇上七级大风，也能航行无碍，所以沙船的适航性很好。宽大的沙船能装载不少货物，有记载说，沙船载重量是二千石到三千石（约合 250 ～ 400 吨），但也有记载认为沙船的载重量更大些，能够装载四千石到六千石（约合 500 ～ 800 吨）的货物。

中国古代沙船

　　尽管沙船有着众多的优点，但是正如大多事物都有它的两面性一样，沙船也有着一些不足。沙船船头为方形，相比尖头船型，受到风的阻力较大；船体宽大平底，受水面积大，所以航行速度相对于其他船型来说较慢。船身中间的两侧装有批水板，在船尾挂太平篮，虽然稳定性增强了，但是也影响了航速。

　　相比在海上行走，沙船更适合在内河上进行大量货物运输，在海上有很大的弱点。元朝时，元世祖忽必烈曾经调集 900 多艘沙船组成的舰队攻打日本，但是舰队还没到达时，就在日本西部的海域遇到了强大的台风，损失惨重，几乎全军覆没。免遭大难的日本人很是感激这场台风，称之为"神风"。即使如此，沙船还是常常与众多船型一起进行远洋航行，郑和下西洋时，沙船也是船队的重要船型之一。

　　元朝时建造了大量的沙船。在南粮北运中，沙船扮演了重要的角色。当时一艘艘漕运船只经运河到达大都，但是后来朝廷发现，仅仅靠运河还是不能满足北方的需求，官员朱清就向朝廷建议，可以从海道运输漕粮，元朝政府接受了朱清的建议，命罗壁、朱清等人建造了 60 多艘沙船，装载上粮食，从刘家港出发，沿海岸线北上到直沽（今天津），最后到大都（今北京）。自此北运海道逐渐兴起，满足了北方对粮食的需求，朱清也因为运粮有功，被封为中万户。直到明永乐年间，海道由于受淤泥影响，才逐渐荒废。

　　在明朝时海道淤泥渐散，一些官员认为应该继续恢复海道运输，崇明人沈廷扬对此事很是积极，明崇祯十二年（1639 年），沈廷扬向朝廷上呈《海运书》，说明恢复海道运输的必要性，同时愿意亲自督办此事。朝廷批准后，沈廷扬开始建造大量沙船，疏浚海道。一艘艘沙船载满了淮米，沿着朱清行驶的海路，历经十多天，终于到达直沽，恢复了北洋航线。

　　崇明人热衷于沙船的建造，北洋航线的开通和复兴都和崇明人有关。崇明商人乘坐沙船南下北上，进行贸易，创造了巨大的财富，其中不乏一些商贾巨富。他们将崇明出产的棉花及棉织品销往全国各地，带回大枣、柿饼、豆油、笋干、酒、陶瓷、纸张、衣料等货物。

由于崇明人的四处奔波，崇明沙船全国闻名，政府在苏州、南京建造了专用码头——"崇明沙船码头"，就像为外来商人专门设置的会馆一样。

清代沙船数量之多实属罕见。在道光年间，上海就有沙船 5000 余艘。清道光以后，上海地区的沙船业更加兴旺发达。大的沙船可运粮三千石，小的沙船也可装运五六百石。1840 年，鸦片战争爆发后，沙船业就慢慢衰落了。

中国名船之"鸟船"

鸟船是中国古代的四大船型之一，产于浙江沿海一带。浙江是鱼米之乡，古代浙江人认为是鸟儿衔来稻谷种子才使得这片土地变得富饶，于是在建造船只时，将船头做成鸟嘴状，希望鸟船能够带来更多的财富。为了让这艘船更像一只鸟儿，人们在鸟船船眼上方画了一条绿色的眉毛，所以，鸟船又称为"绿眉毛"。每当鸟船在海上航行时就像是一只鸟儿在海面上劈波斩浪，自由飞翔。

明嘉靖年间，一种小型的开浪船发展起来，这种船只船身较小，船头尖细，船上设有四桨一橹，风帆呈鸟翅膀状，在海上行驶十分快捷，被称为"鸟船"。明万历年间，鸟船的制造工艺进一步发展，"船身长，安两艕，有橹六枝，尾后催稍橹两枝，不畏风涛、行使便捷"。鸟船开始在福建沿海一带逐渐普及，很多商人都会乘坐鸟船到全国各地进行贸易。由于船型较小，船上一般装载一些贵重的商品。

当时人们认为鸟船虽快，但是体型相对于福船、沙船等来说还是太小了，能够装载货物太少，于是人们开始建造更大的鸟船。到了崇祯年间，鸟船的体型逐渐增大，已经出现了船长 20 多米的鸟船。史料对当时建造的鸟船也有详细的记载，何如宾在《兵录》中这样描述鸟船：

"头小肚澎，身长体直，尾有两边，催橹两枝，有风扬帆，无风摇橹，转折轻便，篷长橹捷，如鸟之飞也。"体型增大的鸟船，航速会不会下降呢？由于其自身构造的特点，鸟船的航速仍然与沙船、唬船等船不相上下，同样适合近海运输、作战。这一时期，鸟船逐渐成为了明军的战舰。

鸟船也活跃在远洋贸易中，不过这种鸟船要比行驶在近海的鸟船大得多，载重量也更大。17世纪时，海上贸易并不安全，海盗横行，鸟船成了海盗猎捕的对象，所以远洋贸易的商人分外小心，但是"细心"的海盗，总会发现那么几艘鸟船，群而攻之。海盗们在抢夺鸟船后也会将其作为自己的战舰，再去捕杀其他的"鸟儿"。

民族英雄郑成功的父亲郑芝龙不仅是一位海商，还是一位大海盗。郑芝龙就曾经抢夺过鸟船作为自己的海盗船，他的对手海盗刘香也有许多鸟船，船上安装有多门大炮，威力强大。明朝政府对海盗深恶

中国古代鸟船

痛绝，在剿灭刘香海盗势力时，曾经击毁了几艘鸟船，使得刘香势力大伤。

远洋鸟船不仅船体庞大，而且由于是远下西洋所用，所以装饰豪华，但是这样经典的船只在明清的船只图像中描述甚少。不过荷兰人绘制的《福州城图》对这种大型鸟船做了详细描述。

在《福州城图》中有一艘单层甲板的鸟船，这艘鸟船装饰豪华，但并不像一只富贵的鸟儿，更像一只张牙舞爪的怪鱼。船首是怪鱼的巨口，船眼硕大，在船首两边各有一排类似牙齿的东西，可能是装在

船首的铁钉，来防止敌人登船。这种船身防御措施在明代末期的战船上很常见，《兵录》中就曾记载："舡斗头用板闸使贼不能乘隙而上，其板定用钉钉出头，使贼不得近板，至于舵襟、橹门及便门，至夜，俱用钉板闸盖。"船上的风帆不像是鸟儿的翅膀，更像是怪鱼的鱼鳍，随着海风的吹动，怪鱼在海中乘风破浪，好不威风。

鸟船中还有一类双层甲板的船，《福州城图》也为我们描绘了这种船只。双层甲板的鸟船在体型上要比单层甲板的鸟船大许多，船上能够装载更多的火炮，船身一侧装有 9 个炮眼，所以这类鸟船可以装载 18 门以上的火炮。大型鸟船战力非凡，自然受到了郑氏家族的喜爱。当时清政府正在与郑氏家族交战，派兵将郑氏军队围堵在厦门港口，郑氏奋力反抗，双方陷入了激战，正在生死存亡之际，郑氏援军率领 50 多艘大型鸟船组成的战队加入了战斗，很快清军就败退了。

康熙年间，清政府建造了两艘鸟船用来出使琉球，这两艘鸟船高大威猛，值得一提的是上面的火力配置：其上层甲板装备了 16 门中炮，下层甲板配置有 8 门红衣大炮，总计 24 门火炮。强大的战力很快迎来了挑战，在两艘鸟船出港后不久便碰到了郑氏战船，双方激烈交战，这两艘鸟船都取得了不俗的战绩，击退了郑氏战船。

之后，清政府陆续建造一大批大型鸟船。一次清朝大将施琅率领大型鸟船舰队进攻驻防在澎湖的郑氏舰队，双方激烈的大战从早晨一直持续到下午，当一抹残阳回荡在水面上时，战场遍地狼藉，到处是散乱的船只、木板，清军打败了郑氏舰队。

这场战争后，郑氏势力逐渐被清除，至此，几十年来一直困扰清廷的海上威胁终于得到解决。战事过后，由于没有了威胁，大型鸟船就没有存在的必要了，于是拆解的拆解，改装的改装，鸟船逐渐从清军水师的序列中消失无踪。

阿拉伯人的智慧：三角帆船

一般人对阿拉伯国家的印象不外乎是遍地金色的沙土，人们长期生活在干旱之中。其实阿拉伯是一个海洋性国家，早在三四千年之前，在阿拉伯半岛南端，早期的阿拉伯人就开始了航海活动，他们制造了一种木帆船，航行在波斯湾和阿拉伯海上。

阿拉伯三角帆船是活跃在红海、阿拉伯海、印度洋上常见的帆船之一，其船首尾都呈尖形，船首向前上方突出，船尾有的装有窗户。船上有 1 ～ 3 根桅杆，桅杆上挂着的三角帆成为了该帆船的标志性特色。三角帆和横帆各有优缺点，在近海航行或者是风小的时候，三角风帆比横帆更有优势。

在巴比伦时代，生活在波斯湾沿岸地带的阿拉伯先民与海洋接触频繁。他们发现羊皮鼓吹起来可以浮在水面上，于是做成了简单的羊皮筏子到近海捕鱼，后来他们觉着羊皮筏子太小了，也不平稳，于是一些聪明的阿拉伯人将岸边广为栽种的椰子树和枣椰树的枝条砍下扎成捆，再将几个捆绑扎在一起做成了树条筏子。这种筏子相对平稳，上面能放更多的食物。但是东西多了的话，筏子也会走不动，阿拉伯先民发现利用风向可以使筏子快速前行，于是在筏子上竖起一根用枣椰树做成的桅杆，在桅杆上面挂上羊皮做的风帆，这样筏子就能快速地行走了。

由于长期在海上活动，木条筏子很容易腐烂，阿拉伯先民认为是木条太小了，木条与木条之间有很多间隙，容易被海水渗透，若换成大一点的木板，情况应该会好一点。于是阿拉伯先民将一块块大木板用皮条或者是椰绳连接在一起。后来经过不断改进，出现了一种被称为"缀船"的木帆船。这种帆船在公元 5—6 世纪很是流行。

皮条或椰绳也容易腐烂，而且随着材质的老化会逐渐松动。随着造船技术的不断改进，他们将连接方法改为榫头连接。这种连接方法不仅使帆船的防腐性得到很大提高，而且整个木帆船整体性较强，更为平稳。为了进一步提升航速，阿拉伯人在船上增加桅杆，增加风帆，风帆也不再是几块羊皮拼在一起，而是用从印度传来的棉布制成。风帆的面积虽然不断增大，但是形状还是三角形的，不同于同时期欧洲在地中海和大西洋上使用的方形帆。

阿拉伯人造的三角帆船

古希腊罗马的作家和诗人将阿拉伯三角帆船称为"在遥远的南方使用的一种船只"。在印度发现的桑吉雕刻中描绘有阿拉伯人制造木帆船的画面。公元1世纪在一本《印度洋航海指南》中提到，希腊人从红海前往东非海岸的途中，看到过来自波斯湾的一种"缀船"。公元6世纪拜占庭的著名历史学家普罗科匹厄斯在他的著作中说一种"用绳子捆绑的阿拉伯帆船"行驶在印度洋上。

公元前7世纪左右，生活在海湾地区的阿拉伯人发现了印度洋上的季风规律，每年从10月下旬到12月上旬，印度洋上的海风从东北吹向西南，而从3月下旬到6月上旬，海风则从西南吹向东北。于是在海风向西南吹时，他们驾船驶离波斯湾，穿过印度洋，前往印度西海岸或非洲东海岸。等到西南风起，他们再驾船回返。阿拉伯人乘坐三角帆船开始了对未知海域的探索。

15世纪大航海时代来临，著名葡萄牙航海家巴尔托洛梅乌·缪·迪亚士乘坐船只探险至非洲最南端的好望角，后来另一位葡萄牙航海探险家瓦斯科·达·伽马开辟了通往印度的新航线。葡萄牙人驾驶着船只来到了东非，征服了阿拉伯半岛的阿曼本土。但是哪里有压迫，哪里就会有反抗，生活在阿拉伯半岛的阿曼人于17世纪中叶组成了强大的帆船战队，开始进行反击，赶走了葡萄牙人。恢复了对桑给巴尔等地的统治。后来经过战后旧城邦的重建，经济的恢复和发展，桑给巴尔又成为东非沿海最大的商贸中心之一。远在阿拉伯半岛的阿曼王朝对这个发展起来的海岛十分重视，后来还将首都从马斯喀特迁至桑给巴尔，建立起了一个横跨亚非两大洲的庞大的阿拉伯帝国。而在这一重大历史事件中，三角帆船可谓功不可没，它在阿拉伯人击败葡萄牙人、建立庞大的帝国中扮演了重要的角色。

欧洲人在早期的海洋探索中，建造的船只使用方帆，他们主要活动在大西洋和地中海。三角帆船开始传入欧洲。葡萄牙、西班牙、英国等欧洲国家的船只也都借鉴了阿拉伯的三角帆船。

远洋第一帆：卡瑞克帆船

15 世纪时欧洲出现了一种船首高大、尾部成弧形的大型帆船。与之前的帆船相比，这类新型帆船有一个特点，就是船上挂有很多风帆，从正面看去，一根巨大斜桅竖立在甲板上，在它的后面依次有两根或三根桅杆，除了最后一根桅杆上有一面三角帆，其余的桅杆皆以横帆为主。在地中海常常可以见到这类船只，这就是著名的卡瑞克帆船，它是欧洲史上第一款用作远洋航行的船舰。西班牙和葡萄牙等海上强国就是用这种船只"寻访"世界各地，开辟了一个又一个殖民地，积累了雄厚的资本。

在 16 世纪以后，卡瑞克帆船被盖伦帆船所取代，渐渐没落。卡瑞克帆船的出现有其历史意义，它促进了欧亚之间的交流，同时也是由弓弩为主的战船到真正的炮船的重要转折，在欧洲船舶史有着重要的意义。

早在 14 世纪，欧洲人就开始改良当时流行的船只——柯克帆船。柯克帆船结构简单，船中部有一根桅杆，上挂有三角帆。欧洲人为了提高柯克船的航速，在柯克船上增加了一根桅杆，这样主桅上挂有方形的大横帆，后桅上挂三角帆，航速就提高了不少，这种改良的柯克船便是卡瑞克帆船的雏形。增加的风帆使得柯克帆船的适应能力更强，受到了地中海商人的喜爱，后来经过不断发展，人们将其命名为"卡瑞克帆船"。

卡瑞克帆船与之前的帆船相比不仅仅是增加了一根桅杆那么简单，它的船尾用厚木板弯成了好看的圆弧形，船上有 3 ～ 4 根桅杆，桅杆上挂满了张扬的风帆。船上建有巨大的上层建筑，即使是那么多风帆也难掩上层建筑高昂的身躯，但是其庞大的身躯也限制了风帆的操作。想象一下，这样有特点的船只行走在海上是什么感觉，船头的负重足以使得它像一位低头前行的巨人，时刻都有跌倒的危险。事实上也是如此，当时一艘卡瑞克帆船因为船楼过高，一直被风拖着走，就像是被人抓住了头发，已然不能抬头前行，最后险些一头扎进海里。

但是卡瑞克帆船的优点足以让人们忽略掉这点小小的不足。它体积庞大，足以搭载更多的货物，这对行走于海上的商人来说有着致命的诱惑。同时其巨大的空间能够搭载更多的水手，能够充分保证航行的顺利；它是第一艘能够实现远洋航行的船只，之前不同国家的商人只能水、陆并用几经辗转才能达到他们想要去的地方，现在只需要一艘卡瑞克帆船，就可以一路走到底。之前的柯克帆船只有一根主桅，只能挂有限的风帆，卡瑞克帆船上既有横帆又有三角帆，船的航速增加，可操纵性也增强了，即使逆风时也无碍航行。卡瑞克帆船上装有多层甲板，这意味着可以安放多具重型火炮，使一般的海盗不敢前来招惹。

卡瑞克帆船大肆张扬的风帆成为该船一大特点，它的桅杆数量增加，主帆增大。同时为了强化帆的下角，在帆脚的中部还增加了一排帆脚索，用来安装 1 ~ 2 张可以拆卸的辅助风帆。当风速过高时可以将辅助风帆拆下，当动力不足时再装上，这样就可以控制航行速度了。起初人们在卡瑞克帆船的舰首增加了一个前桅用来增加动力，风帆不是很大，后来随着发展，前桅上的风帆也越来越大，跟主帆也没什么不同了。

15 世纪晚期，卡瑞克帆船的主帆上方开始增加上帆。最初只是在顶端的旗杆上加了一个帆桁，后来安装了专门的桅杆和完整的帆。前桅也装上了上帆。在卡瑞克帆船时代末期，有些人在上帆之上又加装了顶桅帆。

通常的卡瑞克帆船只有三根桅杆，但是人们觉着再加一根桅杆也

卡瑞克帆船

不多，于是在一些稍大一点的船上又增加了第四根桅杆，同样这根桅杆上不仅要挂斜帆，还要加装上帆甚至顶帆。就这样，前前后后，上上下下，整艘船都被风帆包围，其实这些风帆的实用价值很值得怀疑，不过有一点是可以肯定的，那就是每当天际出现一大片似云非云的物体在移动时，人们就会知道这是卡瑞克帆船来了。

由于地中海风向多变，所以人们为这里的卡瑞克帆船增加了绳梯横索。虽然绳梯横索已经在欧洲北部的船上用了超过两个世纪，但是在地中海它们才刚刚代替了绳梯。

卡瑞克帆船中最著名的当属"圣玛利亚"号，它是大航海家哥伦布探索美洲新大陆时所使用的旗舰。但是在 1492 年的圣诞夜，一个船员把"圣玛利亚"号开到了伊斯帕尼奥拉岛北部海岸，撞上了那儿的珊瑚礁，"圣玛利亚"号就此沉没。

另一艘著名的卡瑞克帆船是"维多利亚"号，它是史上第一艘完成环球航行的船只。1519 年 9 月 20 日，麦哲伦率领"维多利亚"号在内的五艘船离开了西班牙，开始了环球之旅。但可惜的是在回程途中，麦哲伦不幸被杀，只剩下"维多利亚"号独自回到了西班牙。

16 世纪的霸主：盖伦船

16 世纪时西班牙开始称霸世界，西班牙人的舰队行迹遍布世界各地，西班牙在美洲建立殖民地后，需要将大批货物和士兵越过大西洋送到美洲。当时西班牙的海船主要以拿屋船和卡拉维尔船为主，这些船只上层建筑较高，极易招风，稳定性较差也较难控制，在茫茫大海上行走是一件十分危险的事。

西班牙开始在先前海船的基础上建造了新的海船并命名为"盖伦船"。盖伦船尾部较高，甲板有数层，一般有 4 根桅杆，前面两根桅杆挂方帆，后两根挂三角帆。最大的盖伦船尾甲板有 7 层，有较好的续航能力，是当时世界上的大船之一。

西班牙建造的盖伦船看起来有些笨重，航速也不是很快。16 世纪中叶，英国开始发展轻型盖伦船，改善了它的操作性能，他们把船首部的上层建筑降低，使其适合远距离航行，这类新型盖伦船的速度、操纵性要优于西班牙的盖伦船。

盖伦帆船较之前船只的最大不同就是其整体外观上的变化，它的舰首降低后，使得前舷的风阻降低，航速得以提高，船的操控性更好。它的舰尾采用方形尾楼来取代之前船只的弧形尾楼，稳定性大大增强，更适合远洋航行。盖伦帆船的船身变得狭窄而修长，使它在水面航行时有着前所未有的稳定性。从重量上来看，一艘卡瑞克帆船的重量约为 1000 吨，而盖伦帆船约为 500 吨，是它的一半，更小的重量使得盖伦船的速度比前者更快。由于船型变小，建造的费用也降低了，生产 3 艘卡瑞克帆船的成本可以生产 5 艘盖伦帆船。此外，盖伦帆船拥有十分坚固的船身，所以更适合远洋贸易、探险，甚至海战。

大面积风帆的运用是这一时期欧洲船只的重要特征。一艘盖伦船上一般配有 3 ～ 5 根桅杆，除了最后一根桅杆上挂有三角帆以外，其余的几根桅杆都使用横帆。虽然有了大面积的风帆可以快速地航行，但是也不代表可以在海上放松警惕，因为说不准什么时候就会出现三五成群的海盗将这些商船围困。所以那时的商人还会提升商船的战斗力，如加上几门加农炮或者重型火炮。另外，为了弥补战船数量的稀缺，一些海上强国往往对一些用途广泛的盖伦帆船加以改造，使其成为海上战舰。

一般的盖伦帆船使用橡木作为龙骨，用松木作为桅杆，以及一些硬木作为船身及甲板。虽然盖伦船的体积较之前的众多战船小了许多，但是制造一艘标准的盖伦船还是价格不菲，并且要动用几十名木匠、

盖伦船

铁匠、船匠花费数月才可完工。

　　历史上也有专门用于海战的盖伦船，这类船只的主要特点是火炮甲板上装载了数量可观的重型火炮，可通过舷侧的炮眼开火，同时船只的防护能力要比一般盖伦船强，但不是所有人都喜欢这种轻快型战船，因为相比之前大型的载重型的战船，盖伦船的火力明显不足，当敌人接近时还需要安排士兵攻击敌人。

　　17世纪50—70年代的英荷战争中，双方的主力战舰均为清一色低舷、横帆、两舷装备加农火炮的盖伦船。多艘盖伦船往往排成一个长列，整齐划一，双方进行射击，成为了这一时期海上大战的一大特色。

　　直至18世纪初，盖伦帆船还是欧洲人远航贸易的主要船只。后来随着科技的进步，蒸汽船逐渐出现，盖伦帆船渐渐地被人摒弃。虽然盖伦帆船逐渐退出了历史的舞台，但是其中一些著名的船只成为了永恒的经典。

　　"五月花"号是英国著名的盖伦船。在前往新大陆之前，"五月花"号是一艘来往于英国和法国，以及挪威、德国、西班牙等其他欧洲国家之间的商业战船。1620年，在英国受到宗教迫害的100多名清教徒，搭乘"五月花"号前往美洲，在航行过程中出现了纠纷，为了解决问题，船上41名成年男子签署了《五月花号公约》，成为了美国日后无数自治公约中的首例。

维京人称霸海上的利器：维京船

　　维京船一般有着龙头和龙尾，船侧有一排排防御的盾牌，就像行驶在水中的车轮一样。船上有着五颜六色的风帆，它也是北欧海盗的海盗船。

但是北欧海盗从没有用"维京船"来称呼自己的战舰，这是后人对在维京时代（800—1050年）以及往后数百年，活动在斯堪的纳维亚一带的船只的统称。不是所有的维京船都会有高昂的龙头，只有在一些彰显维京国王地位和荣耀的船只上才会如此，一些普通的船只仅仅有着首尾高高翘起的美丽优雅的弧形。

　　维京船船身修长，船首尾以优美的弧度向上弯曲，颇有中国神话中的龙头和龙尾之姿。船上有一根位于船中央的桅杆，桅杆上挂有一面特大的风帆，风帆上有时还会绘有图案。在船身两侧各自放有一排盾牌，每当与敌人交战时，这些盾牌就像铜墙铁壁一样将船只护卫起来，由于首尾都很高大，所以整个船只会被很好地保护起来。在船身两侧，各自配有一排船桨，所以维京船上会有两拨人，一拨人负责攻击防御，另一拨人负责划船，分工还是很明确的。

　　维京民族是早期著名的海洋民族，他们最初生活在泽兰和荷兰一带，从公元4世纪开始一直到8世纪，维京人驾驶维京船多次在英格兰海岸履行了自己的海盗职责——抢劫来往的船只。维京船速度快，往往能突击成功，若是战败也能迅速地撤离。公元8世纪维京人逐渐在南部斯堪的纳维亚地区定居下来，建立了多个王国，不过这些王国不是那么友善，可以说是海盗的大本营。

　　常年活动在海洋上的维京人积累了丰富的航海知识和海盗经验，但是他们的海盗行径让过往的行人很是惧怕，有些人不再愿意冒着生命的危险进行航海贸易。这样一来，维京人的猎物就会减少，他们只能驾驶维京船寻求新的航线，发现新大陆。后来维京人发现了冰岛，到达了北美洲，在今天的波士顿登陆。维京人的海盗行径也被载入了史册，在《盎格鲁—撒克逊编年史》中有详细记载：公元789年，维京人驾驶维京船到达了英国的一个港口，当时人们对于这几艘样子奇怪的船没有太多的注意，官员们也认为这只是几艘商船，因而放松了警惕。维京人在没上岸之前表现得相当友善，他们把盾牌武器收了起来，而在靠岸后，他们立刻露出了强盗的面容，很多人还不知怎么回事，自己的财富就被抢劫一空。维京人很快驾驶着维京船离去，只留下懊恼万分的英国人望着维京人离去的身影默默发呆。

在维京人这次对英国的袭击后，英国人开始充分认识了这个民族并且警惕起来，所以后面的日子里，维京人并没有那么容易得手，但是他们还有更加广阔的天地——整个欧洲可供他们去"拜访"。

在以后的200年间，维京人不断侵扰欧洲各沿海国家，将他们的魔爪伸向了俄罗斯和波罗的海沿岸。甚至有些维京船队到达了里海，前往巴格达与阿拉伯人做生意。

当时的人们称维京人是来

维京人造的船

自地狱的魔鬼。但是北欧的许多传说又将他们描写成了无畏的英雄。时至今天，维京人成了坚强、勇敢的化身。那么这样褒贬不一的维京人该是什么样子的呢？许多人认为，维京人是名副其实的大海盗，他们不仅行事风格像一只只凶残的野兽，而且他们的外貌也继承了海盗一族的传统：戴着有角的头盔，身穿野兽皮毛制成的皮革衣服，浓密、蓬乱的长发披在肩上，红色的大胡子常年夹杂着雨水、风雪，凡是看到红色大胡子的人都没有好的下场，而且这些维京人常年在海上奔波，浑身肮脏，住的地方也是脏乱不堪。总之是一个个邋里邋遢又极其凶残的家伙。事实上的维京人真是这样吗？其实，除了在欢庆时维京人会戴上有角的头盔，剩下对维京人的描述都不正确。其中关于维京人喜好清洁这一点在历史上是有记载的。

虽然维京人驾驶着维京船横行于整个欧洲，他们认为自己的战船是无敌的。其实维京人制造的战船也有很多的缺点：维京船船身轻、吃水浅，虽然能够轻快地在海上行走，但是在海上行驶时的危险性也大大增加。或许一个小的海浪，一阵狂风就能将其船只打翻。

再者，维京船的甲板是露天的，并不能够遮风挡雨，虽然船上一些重要的部位都用油脂浸过的皮革覆盖住，但是一旦遇上狂风巨浪，小小的皮革又有什么用呢？对于穿着皮衣的维京人来说，暴风雨的光顾仍然是让他们十分懊恼的事，在甲板上休息的他们会湿冷交加，碰到雨雪天气，大家只能依偎在一起，共同抵抗寒冷。

在海洋上漂行的时间一般都很长，一时间不会靠岸，所以在船上面对恶劣的海洋环境时，维京人的生命同样脆弱。维京人穿越海洋的征服行动无疑是需要无比的勇气和坚定的毅力，在经历多种苦难后才可能取得胜利。从这一方面来说，坚强、勇敢的维京人给了人们更多鼓励，让后来的人们不断去探索新的地方。

传奇的西班牙大帆船

自从哥伦布发现美洲新大陆后，西班牙开始了殖民扩张，后来哥伦布又发现了西印度群岛，西班牙的后续船队继续紧随而至。此后，西班牙又征服了拉美，将其划为自己的殖民统治范围，成为了当时的海上强国。

在西班牙不断征服各大洋的过程中，西班牙大帆船扮演了重要的角色，将源源不断的财富带回了西班牙，也将西班牙热心的"淘金者"送往了各个殖民地。尽管西班牙大帆船充满了传奇的色彩，但是拨开历史的迷雾，我们可以发现它其实就是一种普通的大型帆船，只不过历史赋予了它特殊的意义，使它显得与众不同。

从 15 世纪末到 16 世纪初，大航海时代的先行者们不断探索未知的世界，这时频繁活动于地中海的一种小型三角帆船受到了冒险者的喜爱，克拉克船是当时十分流行的船型之一，在西班牙大帆船还没有出现以前，这种船是西班牙最为常见的帆船。西班牙大帆船可能是由地中海式帆船演变而来的。因为它们之间有很多相似的地方，例如，早期的西班牙大帆船前甲板都不高，很像地中海式的三角帆船。西班牙大帆船上装备的索具以及巨大的船楼又和克拉克船很像。

西班牙大帆船多为大型三桅帆船，舰首和舰尾高耸，不仅彰显了西班牙船只的气派，而且在作战时可以轻易地登上敌人的船只。船上建有多层甲板，通常携带有重型武器。整艘船的外形像是一座行走在海上的城堡。

葡萄牙人早于西班牙人在海上称霸，据说葡萄牙人在早些时期就开始建造这种大帆船，后来西班牙人将其发展，形成了强大的海上舰队。16 世纪初，西班牙建造了第一艘西班牙大帆船，船上开始设置"舷窗"，即在船侧开有窗口，窗盖用绞链开启。当西班牙大帆船停泊在港口时，通过窗口可以很方便地卸载货物。这一思路被聪明的英国人学了去，他们在下层甲板加装了加农炮，于是舷侧炮开始流行起来。

西班牙人自然不甘示弱，开始效仿英国，在下甲板装上了火炮。为了保证火力输出，在船主体上还装上了一排大型加农炮，这样就建

西班牙大帆船

造了一艘西班牙大桅帆战船。这种船船身狭长，船首尾高昂，建有船楼。同古希腊罗马的战船一样，在吃水线上方装有撞角，用来冲撞敌船。船上有三根桅杆，上面装有横帆。

西班牙大帆船上的空间是十分有限的，当然对于舰长和高级的官员来说条件要稍微舒适一些。而低级的官员、船员和乘客则十分艰苦。所以当有乘客来时，有些官员就会把自己睡觉的地方租出去，自己到下层甲板去。炮长和炮手们都住在船体尾部的下层甲板里。士兵们一般情况下会和士官一起睡在下层甲板的右半边，如果天气良好，上层甲板也是个不错的选择。

西班牙人很热衷于建造这种大帆船，到1525年，有记载的西班牙大帆船就已经有21艘。到了16世纪30年代，西班牙大帆船被欧洲人所接受，当他们看到拥有这样外表的船只时，立马就能判断出这是西班牙战舰。并且从16世纪30年代开始，西班牙大帆船已经逐步形成了自己的风格。

印度群岛成为西班牙的殖民地后，西班牙对其的管理一直很困难，众多的岛屿不时有私掠者出没。为了保护自己的利益，西班牙建造了大量西班牙大帆船，前往印度群岛进行护航、管理。到菲利普二世统治期间，西班牙舰队已经由最初的一艘经过武装的克拉克帆船成长为由多艘西班牙大小帆船组成的庞大舰队。

西班牙政府还对数量庞大的西班牙大帆船进行了分类，用以执行不同的任务。

在菲利普三世时期，西班牙继续加强对海外的殖民统治。菲利普三世对资金的运输也做了详细的规定：从新大陆获取的资金必须交由王室的西班牙大帆船来运输，若是私自运输，会受到严重的惩罚。这些西班牙大帆船上除了一些翡翠、珍珠外，大多是白银，这些白银大部分被铸成了大块的银锭，还有一部分被制造成了银币。除了白银外，剩下的就是黄金，这些黄金也被铸成金币或者金条。可见当时的西班牙人已经意识到真金白银能够保值。在大帆船时代，王室在对殖民地的掠夺中积累了雄厚的资本。

由于西属美洲地区私掠者的减少，运输资金的西班牙大帆船船体更加轻盈，武装力量也有所削弱，与负责护航任务的西班牙大帆船有很大的不同。要说执行护航任务的大帆船有一些威武、霸气，运输资金的大帆船展现出来的则是一种华贵、精致之美。

英国人从西班牙大帆船的设计中吸取了经验，开始建造外形更加修长、航速更加快的大帆船。到 17 世纪，大多数欧洲帆船尾楼的尺寸都有所减小，然而西班牙人固执地认为高耸的尾楼能够更好地进行作战，所以并没有改进自己的船只。这时荷兰和英国的大帆船开始登上历史的舞台，活跃在各个航线上。西班牙人可能也意识到了自己的帆船已经落后了，他们开始借鉴北欧先进的大帆船设计理念，但是即使是奋起直追，也不能减缓西班牙大帆船衰落的步伐，属于西班牙大帆船的时代结束了。

Part 3

轮船的发展与演变

人们对船舶在不同的历史发展时期有不同的称谓，独木舟具备了容器形态，并且有干舷，可以称之为"舟船"，继独木舟后又出现了木板船。随着历史进程的不断推进，又出现了轮船。我国最早出现了人力驱动的明轮，后来传到西方，经过不断发展也演化出现了以蒸汽动力推进的螺旋桨船，逐步发展为现代轮船。

轮船发展史话

现在很多人认为法国医生和自然研究学者丹尼斯·帕潘是轮船的发明者，因为是他提出了用蒸汽机带动"明轮"的侧翼轮进行航行的理念。但是其实"明轮"一词早在我国唐朝时就出现了，南北朝时期我国人民就在船侧装上类似轮子的推动器来驱动轮船，称为车轮船。到了唐朝，有一个叫李皋的人对车船进行了改进，他制造的车船用人力踏动，能够快速航行，于是明轮开始流行起来。

直到 16 世纪，欧洲才出现了能使用的明轮船，经过一百多年的发展后，明轮才普遍流行起来。1707 年，帕潘建造了一艘用侧翼轮驱动的轮船。在一个天气晴朗的日子，他在富尔达进行了实验。他的实验虽然成功了，但是当时工业蒸汽机刚刚出现不久，效率低下，还不能作为船舶的驱动器，所以帕潘建造的这艘明轮仍然以人力驱动。

随着蒸汽机技术的不断发展与成熟，人们开始尝试将蒸汽机装到木质明轮上。1807 年美国人罗伯特·富尔顿发明了世界上第一艘蒸汽动力帆船——"克莱蒙特"号，并在纽约市的哈德逊河上试航成功。

人们看到以蒸汽为动力的"克莱蒙特"号的成功后，纷纷尝试建造蒸汽帆船。人们最初发明蒸汽轮船的目的就是想让这种新型动力的船只取代传统人力驱动，甚至能够进行远洋贸易。1819 年，"沙凡那"号从美国的沙凡那出发，历时近一个月到达了英国的利物浦，成为世界上第一艘横渡大西洋的轮船，但是由于蒸汽动力不足，"沙凡那"号主要还是依靠风帆行驶。

1838 年 4 月 4 日，来自英国的两艘轮船开始横渡大西洋，其中"大西方"号重 1340 吨，"西里鸟斯"号重 703 吨，两艘船从考克出发，历经 18 天，到达了美国纽约，自此越来越多的轮船开始在远洋进行贸易。

虽然这一时期轮船的蒸汽动力逐渐成熟，但是侧翼轮驱动的效率很低，在内河航道和海岸线上行驶尚可，如远渡重洋则花费的时间太长，于是人们开始研究一种工具来代替侧翼轮。1845 年，英国成功建造了"大不列颠"号轮船，它用铁制代替木制，用螺旋桨代替桨轮，使航速大大提高，并且开创了螺旋桨船的先河，从此螺旋桨船逐渐代替明轮船成为了时代的主流。

1858 年，英国建造了"大东方"号轮船，这艘大船比当时最大的船还要大 5 倍，而且装备了蒸汽机、风帆、水轮翼、螺旋桨，将先进的科技与古老的技艺相结合，成为当时著名的轮船之一。2003 年英国

蒸汽轮船

广播公司制作了一部纪录片，其中将"大东方"号称为"工业世界的七大奇迹"之一。

19 世纪的中国多灾多难，列强通过鸦片战争打开了中国的大门，一艘艘蒸汽轮船冒着滚滚浓烟出没在中国沿海各大港口，不可一世、威风霸道。当时中国大部分船只还是以风帆、人力驱动。一些颇有先见之明的中国人开始制造属于中国的蒸汽轮船。1865 年，当时著名的科学家徐寿设计出了中国第一艘明轮船——"黄鹄"号，这艘轮船长约 1803 米，重约 25 吨，是当时十分先进的蒸汽轮船。

经过 19 世纪上半叶的发展，远洋贸易活动的频繁促使了轮船货运公司的产生。这些公司为客户提供货物运输服务。英国出现了最早的提供洲际货运服务的轮船公司，这些公司的航线能到达世界上大部分地方。东方半岛轮船公司的航线能够到达印度和东亚地区，太平洋轮船公司的货船常常在南美洲西海岸活动。1840 年，丘纳德轮船公司成立，它拥有世界上第一条定期的北大西洋航线。这些轮船公司还举办了一些横渡大西洋的竞赛活动，成功到达指定地点并用时最短的轮船被授予蓝绶带奖，所以一时间大西洋上千帆竞发，十分热闹。

这些轮船不仅为商人运输货物，而且还运输一些邮件，其中除了平常邮件外，还有一些政府的邮件，政府常常会对运输自己邮件的轮船进行一些补贴，所以很多大型轮船愿意加入到邮件运输的行列，人们也称它们为邮轮。

19 世纪末，工业革命推动了生产力的发展，整个欧洲进入了一段快速发展的繁荣时期。人们为了将更多的货物、乘客运输到世界各地，建造了更大、更快的轮船。起初大多数轮船都是上面运载乘客，下面装载货物，但是有些商人希望货物能够快速到达指定的地点，因为时间对商人来说就是金钱。但有些客人更喜欢速度较慢、便宜的旅行。规格较少的船只渐渐不能满足需求，于是轮船公司将货运与客运分离开来，快速轮船用来运输那些赶时间的乘客、货物及邮件，当然价格自然要贵一些。大型货船用来运输一般货物。1879 年，"亚利桑那"号成为世界上第一艘快速轮船。1897 年，德国建造了当时世界上最大、最快的轮船——"威廉大帝"号。

从 19 世纪末到第一次世界大战之前，英国、法国、德国、美国等已经建造了多艘 5 万吨级的客轮，"一战"后，客轮继续发展，德国的"布莱梅"号、"欧洲"号，英国的"玛丽皇后"号等大型客轮成为了时代的经典。

20 世纪 50 年代末，喷气式客机的出现打破这一局面。大型客轮虽然装载容量大，但是航速低，其造价也很高昂，而喷气式飞机航速快并且安全，人们逐渐转向这种便捷的交通工具。到 20 世纪 70 年代，大部分远洋航线开始停航。不过这时候又出现了一种游轮，主要为乘客提供旅游服务。

最早的人力驱动明轮

明轮在 20 世纪中期以前一直是世界上的重要船型，我国早在唐朝就出现了明轮。在唐朝时有个将领叫李皋，这位官员很是与众不同，时常有奇思妙想，喜欢发明一些小器物。他从车轮得到启发，建造了一艘脚踏式轮船，这艘轮船没有风帆也没有桨橹，所以当时的人们很是奇怪，没有风帆和桨橹，还是船吗？有些人为此还嘲笑他。

但是李皋却不为所动，专心致志地建造船只，他在船舷两旁各装一个车轮，每个车轮有 8 个叶桨片，就像水车一样，车轮与轴连，轴上装有踏脚板，通过踩踏踏板驱动船向前走。

但是这种船只在建造成功后并没有得到推广，人们还是习惯用风帆航行。到了宋朝，大将李纲继续对李皋所造的船只进行改造，在湖

海/船
Ships

南长沙造了一些轮船。

南宋有一段时期统治黑暗，百姓生活在水深火热之中，一些人因为忍受不了朝廷的残酷压迫起义造反。在洞庭湖畔有一个起义领袖叫杨么，杨么是一个很有军事才能的人。在一次战斗中，他率领起义军大败朝廷军队，俘虏了一些造船的工匠，其中有一个叫高宣的造船高手很有名气。杨么知道后，马上把他请来，当作贵宾一样对待。高宣自知深陷敌营，不能逃脱，早已抱有必死之心，但是看到杨么这样礼贤下士，不禁十分感动，答应帮助他制造明轮。高宣在依照前朝李皋设计的船只的基础上，不用篷帆和桨橹，只在船身两侧加上对称的车轮，水手通过踩踏踏板推进船只，并在一些地方做了改进。在一些大的轮船上装有多对车轮，甲板上有三层船楼，一层用来生活、居住，二层和三层都为作战楼层：二层主要是射击场所，三层放有石块、鱼叉、戈矛，战斗时将这些武器向敌舰投掷，由于身处最高的位置，大大增强了这些武器的威力。

当时南宋政府也造有这种明轮，杨么起义后，宋高宗派大臣程昌寓率 20 多艘明轮组成的船队镇压叛军，一次，船队奉命进攻起义军水寨，起义军看见庞大的舰队，知道不能力敌，一连几日守着水寨不出。程昌寓没有办法，只好下令船队强攻。等到船队进入水寨后，才知道中了计，原来起义军将水寨内的水引导出去，战船搁浅不能行走，起义军从各处围攻船队，程昌寓不能抵挡，战败被俘。此后起义军又用这样的方法多次打败南宋军队。

但是杨么建造的明轮也有着自身的缺点，相对于后来出现的船舶，它显得比较笨重，航速缓慢，特别是遇到大风大浪时，车轮叶片会部分或者全部露出水面，船只就会失去动力，不能航行。而且明轮的叶片容易损坏，明轮转动时有一半叶轮在空中转动，增加了航行的阻力。水中的水草一类的缠绕物也会缠在明轮叶片上，需要定期清理，否则

中国明轮

明轮就会越行越慢，直到完全卡死，不能行走。所以看来，明轮还是得有风帆，于是在后来明轮的建造中，仍然保留了风帆。

宋朝是明轮发展的蓬勃时期。在江西还出现了一种新型的明轮——"马船"，这种船在平时作渡船用，运送一些军马，等到作战时，在上面加装轮桨、女墙，改造成一艘战船。明轮作为南宋的主力战舰之一，得到很快的发展。相对于其他船型，明轮的船体更大，一般大型明轮可以搭载六七百名士兵，有的明轮甚至能载一千多人，甚至为了进一步提高航速，在明船尾加装了车轮。明轮的攻击力也非常强悍，其上层建筑高大宏伟，配有弓弩、抛石机、灰弹药等武器，在南宋后来的抗金战斗中，明轮也发挥了重要的作用。

明轮的继任者——螺旋桨船

明轮在短距离的江河行驶中比较方便，但是它的远航能力较弱，别看它有巨大的轮子，那些轮子的效率实在不是很高，即使挂有大面积风帆，也不能使它更快地行驶。随着蒸汽动力的逐渐普及，人们想将这种动力的优势发挥出来，在当时已经有使用了好几个世纪的阿基米德螺旋泵，它能在水平或垂直方向提水，人们根据它的特点，将原来桨轮的一列直叶板斜装到转毂上，这样就出现了螺旋桨的雏形。

其实螺旋桨的发明与我国的一项主要发明——竹蜻蜓有关，早在1400多年前，我国就有了竹蜻蜓玩具，竹蜻蜓主要由竹片和竹竿构成，别看它构造简单，它所蕴含的原理、智慧是无穷的。竹蜻蜓的叶片像螺旋桨，中间插一根竹竿，用力一搓竹竿，竹蜻蜓就会升起来，从远处看就像是一只蜻蜓在那里飞舞。明朝时期，竹蜻蜓传到了法国，并且在法国科学院进行了表演。由于竹蜻蜓的叶片像陀螺一样能高速旋转，所以当时称它为"中国陀螺"。后来德国人根据"中国陀螺"的形状和原理发明了飞机的螺旋桨。

螺旋桨作为船舶的推进器是什么时候出现的呢？ 1752 年，瑞士物理学家伯努利设计了具有双导程螺旋的推进器，安装在船尾舵的前方。后来瑞士数学家欧拉在此基础上研究了能代替帆的其他推进器，如桨轮（明轮）、螺旋桨。

蒸汽机出现后，船舶推进器的研究得到了快速发展。第一个实验动力驱动螺旋桨的是美国人斯蒂芬，他在 1804 年建造了一艘用蒸汽机直接驱动的小船，螺旋桨有 4 个风车式桨叶，这些叶片的径向宽度要比一般风车的要大一些，还可以调节螺距。在几次实验中他改变了几个螺距值，但是实验的结果都不理想，性能远不及明轮。又经过几十年的发展，人们不断尝试用螺旋桨来代替明轮，1843 年，美国海军建造一艘螺旋桨船——"浦林西登"号，它是由舰长爱列松设计的，在爱列松的积极推广下，美国相续建造了 41 艘民用螺旋桨船。

英国拥有阿基米德螺旋桨的专利，在此基础上英国人在 1840 年左右建造了一些民用的螺旋桨。1843 年，英国海军在"雷特勒"号以螺旋桨代替明轮，取得了不错的效果。随后英国又设计了多艘螺旋桨船，并且这些船只参加了对俄战争，在战争中发挥了重要作用。

虽然英、美等国将螺旋桨成功运用到船舶上，但是由于当时技术有限，螺旋桨发展时间较短，不可避免地出现了很多问题，如由于蒸汽机的强大动力，在推动螺旋桨时会带来可怕的震动，以及螺旋桨轴承的密封、磨损等问题。不过这些问题随着技术的进步，逐渐被解决，越来越多的螺旋桨开始取代明轮，成为主流推进器。

1858 年，英国人在"大东方"号上装上了当时世界上最大的螺旋桨，它的直径约有 7 米，重量达 36 吨，转速为每分钟 50 转，推进效率接近明轮，而且相比明轮有着更多优点，至此明轮逐步在海船上消失。

螺旋桨桨船

后来随着螺旋桨技术的不断发展与进步，机动船舶都开始采用螺旋桨作为推进器。为了增强推进动力，人们在一艘船上装有多个螺旋桨。螺旋桨结构简单、坚固耐用，配合先进动力能够显著提高航速，并节省燃料。

当西方各国在如火如荼地进行螺旋桨船的设计时，我国正处于清王朝的末期，在动荡的社会下，与螺旋桨有着千丝万缕联系的中国却没能做出更大的贡献。新中国成立后，我国造船事业得到发展，对螺旋桨技术也进行了大量研究，其中最为著名的是 20 世纪 60 年代时，广州文冲船厂一位叫周挺的老师傅制造的"关刀桨"，他根据自己几十年制作螺旋桨的经验，把螺旋桨的桨叶轮廓做成三国演义中关公所用大刀的样式，所以他形象地叫它"关刀桨"。

"关刀桨"制造成功后在一些船上做了测试，结果显示，不仅航速有所提高，而且螺旋的振动大大地减弱。在一些拖轮和登陆艇上使用后，都取得了很好的效果，后来"关刀桨"在很多大型船舶上都可以看到。

富尔顿与他的蒸汽轮船

在美国宾夕法尼亚州，有一个地方叫兰卡斯特，这是美国著名工程师富尔顿的故乡，为了纪念他建造出世界上第一艘实用蒸汽动力轮船，后来人们把他的故乡改名成了富尔顿。

富尔顿是美国著名工程师，他制造了一艘以蒸汽为动力的轮船，1803 年在法国的塞纳河试航成功。后来他得到詹姆斯·瓦特的支持，用蒸汽机为主体建造了更大的船。1807 年，富尔顿在美国造成明轮推进的蒸汽机船"克莱蒙特"号，8 月 18 日在纽约州的哈得逊河上作了历史性的航行，为人类船舶发展做出了重要的贡献。

富尔顿生于美国的一个穷苦的农场工人家庭。小时候的富尔顿就表现得与众不同，他十分喜爱画画，他将自己的一些奇思妙想都表现在画画中。青年时期，富尔顿已经成为了一位小有名气的画家。不过了解富尔顿的人都知道，他除了喜欢画画外，更加热爱搞科学发明。他时常望着河岸上来往的船只发呆，在他看来要是有一种不用人力和风力就能行驶的船就好了。

有一次，他划着一艘小船在河边游玩，玩累了后迷迷糊糊地在船上睡着了。他做了一个梦，梦中自己在一艘轮船上，这艘轮船像车子一样有车轮，但是要比它们大不少，船首尾各有一根桅杆，船首的那根桅杆上挂有国旗，船尾的桅杆上有一面小的可怜的三角形风帆，富尔顿望着那面小风帆"咯咯"地笑了起来，因为他在想，这样的船也能行走？随后他看到了船上有一根大大黑黑的"烟囱"，里面正冒着浓烟，他十分好奇，这是什么呢？突然，他听到仿佛有鸟儿叽叽喳喳地叫个不停。

富尔顿揉了揉蒙眬的双眼，从睡梦中醒来，果真听到了鸟儿的叫声，但是他被刚才梦中的情景吸引了，坐在船舷上发起呆来，不知不

海／船

Ships

觉中，他感觉到船儿游动起来。没有划桨，也没有风，船儿为什么会游动呢？富尔顿蓦然看到自己伸在水中的双脚，由于他的脚伸入水中不停地戏耍，起到了桨的作用，推动了船儿漂动。富尔顿高兴极了，他想自己的脚不就像轮子一样吗？他幻想一定要造出一只大船，由大轮子做桨推动行驶。

富尔顿

在费城学习了几年绘画后，富尔顿感觉自己的技术到了瓶颈，他十分喜欢当时英国著名画家本杰明·米斯特的作品，于是他远渡大西洋到了英国，开始跟随这位画家学习画画。但是他仍然没有放弃制造轮船的梦想。一个偶然机会改变了他的人生，富尔顿从此踏上了机械制造的道路。

有一天，当时著名发明家詹姆斯·瓦特正在过50岁生日，富尔顿向来十分崇拜这位蒸汽机的发明者，正好赶上经朋友介绍，为瓦特绘画肖像，富尔顿就参加了瓦特的生日聚会。来祝寿的人中有很多都是当时著名的机械工程师，他积极加入到他们当中，聚精会神地听着这些工程师对未来的展望。

瓦特发现这个年轻人不仅绘画技艺高超，而且对机械十分感兴趣，于是和他聊了起来。两人越谈越投机，瓦特将自己制造蒸汽机的经历与富尔顿分享，富尔顿则将自己的梦想说给瓦特听。两人的聊天激发了富尔顿从事机械行业的决心。后来他果真放弃了自己喜爱的绘画，开始投身于更加热爱的机械制造事业中。

后来他又到了法国，经过刻苦的钻研和努力，富尔顿研制出了一艘以蒸汽为动力的船。船上装有一台大蒸汽锅炉，但是当时的人们对他研制的这个看起来十分笨重的东西不屑一顾。1803年的一天，富尔顿带着他的船只来到巴黎的塞纳河上进行试航，这个冒烟的怪家伙走走停停，人们都哈哈大笑起来，一些人打趣地说这是"富尔顿的蠢物"。虽然试航不是很理想，但是起码成功了，这更加坚定了富尔顿要改进这艘蒸汽船的信念。

但是后续工作的展开面临着一个很重要的问题，那就是没有研究费用了，他的研究在很多人看来没有什么意义，所以即使一些人有钱也不愿资助他，渐渐陷入困境的富尔顿开始积极寻找资助者。

当时拿破仑要率领军队越过英吉利海峡进攻英国，富尔顿听说了这件事后，向拿破仑建议建造一支蒸汽船队，可以抵御英吉利海峡恶劣的天气。拿破仑对自己的舰队很有信心，就拒绝了这一恳求。不料，1804 年，拿破仑率领的舰队在英吉利海峡遇到了狂风暴雨，舰队损失惨重。

富尔顿没有研究的资金来源后，十分苦恼，这时美国的一些实业家听说富尔顿的事情后，对他研发的"富尔顿的蠢物"很感兴趣，邀请他回国发展。

1807 年，回到美国的富尔顿根据自己多年的研究成果，在纽约东河附近创办了一个造船厂，期间得到了一些人的支持，富尔顿得以继续他的研究工作，后来建造出一艘十分庞大的蒸汽机船——"克莱蒙特"号。该船上安装了一台当时最先进的蒸汽机，船的两侧装有两个像大水车一样的叶桨，上面立着一个直冒黑烟和火星的大烟囱。

1807 年的 8 月 17 日，"克莱蒙特"号正式下水试航。富尔顿一声令下，船体徐徐向水中滑去，"克莱蒙特"号的远航开始了，这次试航取得了成功。"克莱蒙特"号试航的成功，正式揭开了航运史上轮船时代的序幕，标志着帆船时代的结束，汽船时代的开始。人们深刻认识到了轮船的威力，从此富尔顿的名字传遍了美洲和欧洲，人们尊称他为"轮船之父"。

Part 4

用于渔业及运输的船舶

　　人类建造船只最初的目的很简单，不外乎是为了捕鱼，或者运输一些货物，所以在船舶发展过程中始终离不开这两点。人们最初利用渔船在近海从事一些海上捕捞活动，等他们发现海洋深处的鲸鱼后，开始建造捕鲸船，人类对鲸鱼大量的捕杀使得鲸鱼的数量逐年锐减，很多鲸鱼种类已经濒临灭绝。

渔船的发展

在人类船舶的发展史中，渔船是较早出现的一类海上捕捞运输工具。人类最早与海洋接触的目的不外乎是为了从海洋中获得食物，直到今天，渔船在众多船舶中仍然占据着重要的地位。渔船与人们的平常生活有着密切的联系，人们能吃到美味的海鲜产品，除了有渔民的功劳外，渔船也功不可没。

现代渔船不仅是用于捕捞的船只，还包括对捕捞进行辅助的一些船只，如对水产品进行运输、加工，对海洋资源进行考察，执行渔政任务的船舶。渔船的种类有很多，在海洋里进行作业的渔船是海洋渔船，海洋渔船根据所在位置的不同又分为沿岸渔船、近海渔船、远洋渔船，其中沿岸渔船是我们在海边常常可以看到的渔船，另外两类船只由于在深海里作业，只有在它们进出港的时候才可以看到。

最早出现的渔船是木质的，后来渐渐发展为铝合金、玻璃钢质、钢质、钢丝网水泥渔船。渔船的推进方式也有很多，最早的当然是手动方式，后来人们发现运用风向可以大大提高渔船的运输效率，于是帆船出现了。但是这些推动方式都很被动，直到世界工业革命开始后，到19世纪80年代才逐渐出现了机械动力的渔船，直到今天，机械动力仍然是渔船的主要推动方式，也是各类船只的主要推动方式。

主要用来进行捕捞作业的渔船称为捕捞渔船，捕捞渔船有很多类型，主要有围网渔船、拖网渔船、流网渔船三大类。除了日常的捕捞作业外，还有一类船只不直接从事捕捞作业，而是辅助捕捞渔船进行作业，这一类渔船称为渔业辅助船，主要从事水产品加工运输、水生养殖、渔业指导、渔政管理等活动。

"孤帆远影碧空尽，唯见长江天际流"，每当读到这样的诗句就会让我们深深陶醉在我国古典诗歌的诗情画意中。我国不仅地域辽阔，而且海岸线绵长，孕育了灿烂的海洋文明，我国造船史在世界船舶发展中占据着重要地位。早在 7000 年前，我国先民就可以制造独木舟。到春秋战国时代已经能够制造结构复杂、功能丰富的大型船只。其中用于捕捞作业的渔船也由原先小小的独木舟，发展成集众多功能于一身的专业捕捞渔船。

　　早期的捕捞渔船不仅运载量小，而且配套设施不完善，也没有具体的制造规格，一般船身长 4～5 米，能装载 1～2 吨的货物，人称"八丈河条"，可见也是短小精悍。后来随着造船技术的不断进步，在船身一侧或两侧装上（船肋），也称"玉肋"。

　　唐宋时期是我国海上丝绸之路的繁荣时期，渔业也得到很快发展，相应的渔船建造技术也有了进步，表现为船体增大，船身长已经能达 8～10 米，载重也翻了一倍多，达到 3～4 吨，船头两侧装有"船眼睛"，称为"亮眼木龙"，也是这个时候渐渐有了渔船的称谓，出现了拖网、流网、张网等捕捞作业的渔船。

中国的渔船

明清时期产生了移民热潮，造船业发展迅速，到了清朝已经出现身长 5～11 米，载重为 5～10 吨的大型渔船。民国时期，捕捞渔船数量逐渐增多，作业方式多种多样，当时的海洋捕捞渔船均为木制，推行动力为人力摇橹或者利用风帆。

　　新中国成立以后，我国渔船业发展迅速，木质手动帆船逐渐退出了历史的舞台，以机械动力为主的新型渔船开始流行起来。渔船上配有无线电发射台、雷达、定位仪等现代通信导航设备，大大提高了航行效率和安全。

　　自 18 世纪中叶，英国著名发明家瓦特改造蒸汽机以后，以机械为动力的各个行业渐渐取代了传统的手工劳动行业，并且向世界传播开来，先前的渔船由于受动力的限制，往往在近海水域或者河流中进行捕捞作业，到 19 世纪 80 年代，人们将发动机装在渔船上，首次出现了以机械为动力的渔船。

　　19 世纪是世界造船史发展的重要时期，"天箭座"号渔船是德国在 1885 年建造的捕捞渔船，也是德国第一艘捕捞船。这艘船有一个特点，当捕鱼的时候，打开船身两侧的舱壁，撒下渔网，捕捞后再收起。我们知道，随着造船技术的发展，船身越来越长，如果将船身的两个侧面利用起来，就等于大大提高了捕获量。所以"天箭座"号一经制造出来就被广泛运用于捕捞作业中。直到 1950 年，仍然是捕鱼船的主要船型。

　　"天箭座"号的两侧捕鱼虽然大大提高了捕鱼量，但是这种渔捞方式需要大量人工在船身两侧进行收放网操作，渔网也不能太大，否则靠人力拉不回来。人们开始把目光瞄向了船尾，在船尾利用发动机绞盘进行渔网的收放，不仅省去了大量人力，而且可以放置更大的渔网，因为船尾后面的空间是巨大的，那广阔的大海足够人们尽情挥洒大型渔网。于是一艘艘捕捞渔船，拖着一个大大的"袋子"，在碧波如洗的海面上留下一道道漂亮的弧线。

机械动力的出现，使人们终于可以远到深海去捕捞。但是随之而来的问题是，由于行程较长，在捕捞的过程中，船上的鱼经常坏掉，而且由于远在深海，船上资源的供给也成了问题。于是大型的捕捞加工船就出现了，这种船不仅可以通过船尾滑道进行大量捕捞，而且可以对捕捞来的鱼进行加工，做成各种各样的鱼产品保存起来，这种方式直到今天仍然是现代捕捞船的主要作业方式。

关于"捕鲸"的那些事

鲸是海洋中的一种古老生物，鲸不是鱼，而是哺乳动物，渔民捕的是鱼，但是他们认为鲸也是鱼，于是这个大块头且浑身是宝的古老海洋生物成为了捕鱼者猎杀的对象。为了捕鲸还专门制造了捕鲸船。

鲸为什么会被大量的捕杀呢？这是因为鲸具有重要的商业价值，鲸脂可用来制作肥皂、蜡烛。鲸须是制作刷子、妇女胸衣的原材料。鲸肉不仅可以食用，还可以做成宠物的食物。

早在公元 9 世纪左右，印第安人和因纽特人就开始了捕鲸活动，因纽特人又被印第安人称为"吃生肉的人"，虽然这是一个带有贬义的戏谑称谓，但是因纽特人生活在北极之地，气候寒冷，土著居民根本无法种植农作物，为了生存，他们与陆地上凶猛的动物——北极熊及海里庞大的鲸鱼展开了激烈的斗争。

他们将鲸鱼作为重要的食物、燃料来源，从中获取肉食和油脂，但那时的鲸对于他们来说可是个大家伙，难以捕捉。人们就划着捕鲸船去接近这个庞大的家伙，捕鲸船上装有带有滑轮绳索的标枪，等到快要接近鲸鱼时，船上的人奋力将标枪掷向鲸鱼，一旦中标，鲸鱼就会受痛逃窜，连接标枪和捕鲸船的绳索就伸展开来，捕鲸船就会被鲸鱼带着在海面上疾行。等到鲸鱼筋疲力尽，到海面上呼吸换气的时候，人们就靠近它，用梭矛和鱼叉将它捕杀，这个过程自然十分危险，往往会造成船毁人亡的灾难。

早期的捕鲸活动只在海岸附近进行，所捕的鲸鱼也是小型鲸类。人们将鲸鱼捕杀后拖到岸上，将油脂取出并加工，然后把剩下的鲸鱼骨架丢到海里。这时的捕鲸活动没有商人介入，捕鲸船也十分简陋，若想捕得一条鲸鱼，技术是十分重要的。

到了 16 世纪，人们逐渐认识到鲸鱼具有重要的商业价值，因此生活在欧洲地区的巴斯克人率先将捕鲸活动商业化，开始了对大型鲸鱼的捕捞。到了 17 世纪，越来越多的人看到了鲸鱼身上潜藏的价值，于是荷兰人和英国人也加入了捕鲸的行列。这一时期，捕鲸活动的路线已经覆盖北极地区、太平洋、大西洋。同时为了提高提炼油脂的效率，人们发明了砖炉，使得捕杀来的鲸鱼直接在海上就能提炼油脂。挪威人福伊恩一直从事于捕鲸活动的研究，他在一次研究鲸鱼的骸骨中发现，将尸骸放在水中熬煮，可以提炼出更多的油脂。这一发现在当时轰动全球，从此捕鲸者可以从每只鲸鱼身上额外获得 50% 的油脂，大大提高了鲸油的获取量。同时，为了利用好鲸鱼身上的每一个部分，人们不再将鲸鱼肉当作鱼饲料，而是经过加工做成各种鲸鱼产品，供人畜食用。

19 世纪中叶，蒸汽动力的出现使得捕鲸活动迅速发展。人们在船上装上了鱼叉发射装置，当带有倒钩的鱼叉射入鲸鱼体内后会伸展开来，牢牢地钩住鲸鱼，这样鲸鱼就不容易逃脱了。后来人们还发明了爆炸式鱼叉，这种鱼叉会在鲸鱼体内爆炸，加速鲸鱼的死亡。

在所有鲸类中，蓝鲸是主要的捕杀对象之一。从蓝鲸身上提炼的油脂相当于 6 只普通大须鲸身上的油脂，巨大的鲸油利益使得捕鲸者趋之若鹜。甚至出现了蓝鲸计量单位，即将一只蓝鲸身上提取出来的鲸油作为一个单位。由于大量捕鲸者的捕杀，现今已经很难看到蓝鲸的身影了。

到了 20 世纪，新型大型捕鲸船的出现更使得鲸鱼的数量锐减。此时的捕鲸船上不仅配备了捕鲸炮、探鲸仪、鲸示踪器等先进的捕鲸设备，而且还有大量的鲸鱼加工设备。捕鲸者从鲸皮中提炼油脂，将鲸肉加工成各类食物，用鲸须来制作刷子、内衣，鲸鱼骨头被切成小块进行熬煮，进一步提炼鲸油。在残忍的捕杀下，鲸鱼的数量急剧减少，有的物种濒临灭绝，有些物种已经永远消失在了地球上，哪怕它有着上千年乃至上万年的历史。

20 世纪中期左右，人们意识到规模巨大的捕鲸活动造成了鲸鱼数量的减少，于是逐渐减少对鲸鱼的捕杀。为了进一步限制商业捕鲸活动，1946 年 12 月 2 日，在美国华盛顿成立了国际捕鲸委员会，颁布了《国际捕鲸公约》，对鲸鱼的种类、捕鲸的区域等都进行了规范。

捕鲸船

1982年，国际捕鲸委员会通过了"全面暂停商业捕鲸决定"，要求成员国在1986年年底之前结束商业捕鲸活动。大多数成员国都遵守了这一协定，但是至今日本、冰岛、挪威仍然在进行鲸鱼的捕杀活动。

日本是一个商业捕鲸大国，已经有着400多年的商业捕鲸历史，日本东京南部千叶县铫子市是目前日本四大捕鲸基地之一，也是日本历史最悠久的捕鲸渔村，鲸肉是当地人的主食之一。

日本早在1934年就开始到南极洋进行捕鲸，随后在南极洋的捕鲸活动一直发展。据统计在1938—1939年短短的一年间，日本就捕杀了2000多头蓝鲸、3000多头长须鲸及600多头抹香鲸。时隔一年，日本渔民又到北太平洋捕鲸，大量灰鲸和抹香鲸被捕杀。虽然在"二战"期间，捕鲸活动被迫停止，但是到1945年年底他们又开始了远洋捕鲸活动，一直持续到今天。日本大量的捕鲸活动使得太平洋等地区的鲸鱼数量逐年减少，对鲸鱼的生态平衡造成了很大的破坏。

运输船的演变与发展

地球上的海洋面积约占地表面积的71%，有着巨大的海洋资源，千万年来，人类对海洋的探索从来没有停止过，船舶的产生使得人类能够远到大海深处，探索更多关于大海的奥秘。船舶作为海上运输工具几乎伴随了整个人类历史文明的发展。

没有人知道世界上第一艘船是什么样子，也许是一根木头或几根竹竿。但是到了新石器时代，已经出现了以浮筏作为运输、捕鱼的工具。据考证，在新石器时代，我国的百越人就发明了浮筏。浮筏的产生大大加速了运输船的发展进程。

早先的人们是坐在一根圆木上，或者将树干、芦苇做成筏来渡河，可是一根圆木很难运输大量货物，浮筏虽然运载量大一些，但是遇上大风大浪，货物也很容易掉到水里。于是人们将巨大的圆木凿空，形成一个贮藏空间，不仅能在里面休息，还能运输一些货物，于是渐渐出现了独木舟。早在7000多年前，我国就已经能够制造独木舟了。不仅是我国，当时世界上很多国家和地区都出现了独木舟，甚至在今天生活在南太平洋群岛和南美洲地区的居民，仍然使用独木舟作为他们重要的运输工具。

后来随着时代的发展，人们觉得独木舟也不能满足运输的需要了，于是开始在独木舟的四周加上木板，将木板拼接成为船壳，这样就形成了早期的木板船，与独木舟相比，木板船可以装载更多的货物，并且水密性也更好。

古埃及是一个善于造船的民族，早在公元前4000年，古埃及就能够制造帆船。从埃及出土的一件陶器上发现了古帆船的图像，船前端微微凸起向上弯曲，船上有一块方帆。公元前1200年左右，埃及帝国没落，克里特岛人学习了埃及先进的造船技术并在船上加上横架，使得帆船更加坚固。

腓尼基人也是一个热爱航海的民族，他们从克里特岛人那里学习了先进的造船技术并加以改造，他们在船前端加上了撞角，加强防御。腓尼基人自公元前800年，就开始驾驶帆船到了法克兰和英格兰，并在非洲一带航行，他们不仅从事正常的贸易活动，也抢夺往来的商船，所以当时海上的商人都很怕腓尼基人。

与此同时，希腊人也开始了航海活动，他们从腓尼基人那里学来了造船技术，建造了自己的船只，这些船只大多跟腓尼基人制造的船只相仿，帆船干舷高，单桅上挂有方帆，船尾两侧配有巨大的尾桨，主要推力还是来自手划，为了让船只行进的速度更快，船上配有多班划手。古罗马是武器制造大国，他们的造船技术也很高超，并在先前的帆船上装上了带钩的跳板。

公元 9—11 世纪，北欧的维京人是当时世界上善于航海的民族，他们用当地出产的一种橡木来制造船只，这种船只长约 30 米，宽约 6 米，船型修长，船首尾呈对称状，船上有单桅，挂有方帆，能在横风下行驶。

从 13 世纪开始，已经有很多航海家乘坐帆船环游世界各地，其中著名的意大利航海家马可·波罗环游世界期间来到中国，待了 17 年，后写有《马可·波罗游记》。15 世纪时，全世界掀起了大航海的热潮，在我国有航海家郑和先后七次乘坐帆船下西洋。15 世纪末，意大利航海家哥伦布乘坐帆船发现了美洲新大陆。1497 年，葡萄牙航海家伽马率领葡萄牙船队发现了从欧洲好望角到印度的航海线路。1519—1522 年，麦哲伦率领西班牙船队完成了环球航行。

16 世纪以后，欧洲帆船制造技术进一步发展，船帆面更加大，排水量也达到 500 ~ 600 吨，三桅船渐渐普遍，大桅上增装了顶桅和顶帆，主帆下装了底帆，桅的支索上装了三角帆，使航速得到提高。1800 年前后，英国继葡萄牙、西班牙之后成为最大的海上强国，英国及其殖民地拥有海上帆船达 5000 艘。

19 世纪中叶，美国出现的飞剪式快速帆船是帆船发展史上的最后一个高潮。1833 年建造的"安·玛金"帆船排水量接近 500 吨，是前期飞剪式快速帆船的主要代表。这种运输船前端尖锐突出，船身修长，有一种向前冲的姿势，其运载量不大，但是航行速度非常快。当时美国多用这种船只与中国进行贸易交流。19 世纪 50 年代，美国西部兴起淘金热，大量的黄金需要海上运输，原先的飞剪式快速帆船虽然速度快，但是运载量较低，人们为了一次能运输更多的黄金，开始扩大飞剪式快速帆船的规模。1853 年建造的"大共和国"号，长 93 米，宽 16.2 米，排水量约 3400 吨，船帆面积达 3760 平方米，航速为每小时 12 ~ 14 海里，横越大西洋只需 13 天。

美国飞剪式帆船

19世纪后，帆船逐渐被蒸汽机船取代。早期的蒸汽机船还是以风帆为主进行航行，蒸汽机作为辅助动力，1839年，第一艘装有螺旋桨推进器的运输船建成，被命名为"阿基米德"，船长约38米，主机功率为80马力。到这个时期的运输船还是以木质为主。1850年以后，逐渐用铁代替木质，1880年以后，钢又代替铁成为了当时造船的主要材料。19世纪80年代出现了三涨式蒸汽机，到19世纪末，蒸汽机已发展到四涨式六汽缸，大大提升了运输效率。19世纪末还出现了以汽轮机和柴油机为动力的运输船。

早期的货船分类不明确,货物都是混合运输。从 1886 年开始逐渐出现了具有现代油船特征的船。20 世纪后,经过不断发展和改造,逐渐成为了今天看到的油船。早期的船只也是客货混装,没有专门的客运船只,1870 年以后才逐渐出现大型豪华客船, 20 世纪 30 年代,大型远洋客船的建造达到高潮,如著名的"伊莉莎白皇后"号、"玛丽皇后"号都是在这个时期建造的。

客轮的发展历程

在众多的船舶当中,普通人与客轮的接触最为频繁,客轮在今天仍然是一种重要的交通工具。客轮有明显的特点,在海边上人们一眼就可以认出它来,客轮就像是一座巨大的宫殿在海面上漂浮。

客轮上有一系列圆形的船窗,远远望去就像公牛的眼睛,于是被称为"公牛眼"。客轮的基础设施完善,旅客舱室配有照明、空气调节、卫生等设施。其安全性也较好,防火、救生设施完善。早期的客轮大多有 4 个烟囱,后来逐渐发展只留下 1 个烟囱。客轮有很多类型,其中快速轮船和游轮只提供旅客运载,没有货仓。而其他一些船只则在运载乘客的同时,也运载一些货物。

客轮在 20 世纪中叶之前几乎是海外客运的唯一交通工具,后来随着喷气式飞机的出现,对客轮行业造成了重大影响。到 20 世纪 70 年代,几乎所有的海外客轮服务都被停止。期间只有短短百年的发展历史,但是在整个世界船舶发展史中有着重要的意义。现在出现了以旅游为主的新型游轮服务,人们可以乘坐游轮环游世界。

在客轮百年的发展史中出现了许多世界著名的客轮。"大东方"号客轮在客轮发展史上具有特殊的地位。"大东方"号是英国建造的一艘客轮,建造于 1851 年,其船长 211 米,宽 25 米,吃水 9.2 米,排水量为 32 160 吨，载客约为 4000 人，能够装 5 万吨煤，那时早期的蒸汽动力效率较低，需要 200 多个工人夜以继日地烧煤才能够提供持续的动力。

"大东方"号客轮历时 6 年才建成，任凭人们怎么努力，就是不下水。人们看着这个庞大的家伙发了呆，不知该怎么办才好。就这样反复"规劝"，前前后后折腾了 3 个月，"大东方"号终于下水浮了起来。但是来来回回的折腾花了不少费用，原先的造船公司已经不能拿出继续建造"大东方"号的费用，于是四处寻找买家。1859 年，终于有好心人接受了这一单生意，将"大东方"号买了下来，并继续完工。可是谁曾想等到 9 月份试航的时候，发生了爆炸，它的甲板被掀飞，烟囱飞了出去，船员纷纷仓皇出逃。这次事件仿佛预示了"大东方"号的命运一般。等终于建造完成通航澳大利亚，行驶到苏伊士运河时，由于"大东方"号的船身实在太大了，根本过不去，后来几经周折才终于通过了，但是回头看看这豪华客轮上稀少的乘客，客轮公司也是哭笑不得，客人都没有船上的燃煤工人多。此后，它的每次航行亏损都十分严重。

公司看到澳大利亚航线没什么希望后，于是把目光放在了北美航线。当它抵达纽约港时，受到了热烈的欢迎，人们在 14 响礼炮声中，观赏着这个巨大的家伙，这艘几乎空船而来的客轮吸引了很多的目光，于是该公司在码头设立售票口，赚了一点小钱。该公司从纽约人的热情中发现了商机，他们开始售票，提供为期两天的海上游览航行服务。首次航行有 2000 余人参加，可是由于船上食物、床位没有充分的准备，人们大失所望，等到第二次航行时参加的就不到 100 人了。

由于亏损巨大，公司只能将它停航，后来出于无奈将其拍卖，巨大的客轮只拍卖了 2.5 万英镑。拍卖后的"大东方"号后来被改装成了一艘在大西洋海底铺设电缆的布缆船。

1866 年，在成功铺设了第一条横越大西洋的电缆后不久，"大东方"号开始了长达 20 年的停航。"大东方"号于 1888 年报废，以 1.6 万英镑的价格被卖给拆船公司，1889 年 1 月 1 日开始被拆解，拆船公司花了两年时间才把它拆完，坎坷一生的"大东方"号终于走到了人生的终点。

"毛里塔尼亚"号客轮是一艘首次使用蒸汽轮机的轮船，在船舶发展史上有着重要的意义。"毛里塔尼亚"号客轮为英国建造，船长204.8 米，宽 26.8 米，排水量为 31 938 吨，能够承载 2100 多人。得益于先进的蒸汽轮机动力，"毛里塔尼亚"号成为当时穿越大西洋最快的轮船，被授予蓝飘带奖。直到 1929 年，这一纪录才被德国的"不来梅"号打破。在第一次世界大战期间，"毛里塔尼亚"号被英国政府征用，成为了一艘运兵船，在战争期间，它共运送了将近 3 万名士兵。战争过后，"毛里塔尼亚"号继续从事航运业务，1934 年正式光荣退役，停泊在退役不久的"奥林匹克"号旁边。1935 年，它被出售给拆船厂，船上挂起了 6.7 千米的蓝色飘带，向世人宣告那保持了 22 年之久的横渡大西洋最快轮船的辉煌纪录。

"泰坦尼克"号客轮是 20 世纪初英国建造的一艘大型豪华客轮。从电影《泰坦尼克号》中可以看出，"泰坦尼克"号可谓是集结了当时最先进的技术和财力打造的一艘"梦幻客轮"。1912 年 4 月 10 日，"泰坦尼克"号正式起航，线路为从爱尔兰到美国中心城市纽约。船东为了在"泰坦尼克"号首次出航中展现出迷人的风采，创造横越大西洋的历史纪录，选择了从南安普敦港出发。4 天后的一个夜晚，"泰坦尼克"号客轮在纽芬兰外海附近撞上冰山，两个半小时后沉没，船上当时载有 2223 人，由于救生艇数量的缺乏，其中 1517 名旅客和船员永远葬身在了冰冷的大海中。这次海难轰动了全世界，是迄今为止最著名的一次海难。

现代客轮

航行在海上的豪华游轮

海上豪华游轮是人类将客船发展到巅峰的代表作，提起它们，很多人首先想到的是电影《泰坦尼克号》中那一艘超级豪华游轮，这艘号称"永不沉没"的船只在碰撞了冰山后永远沉睡在了海底，但是人们对它的超级豪华程度念念不忘。其实除了"泰坦尼克"号，还有很多超级豪华游轮。

"海上行宫"游艇

在所有汽车种类中，超级跑车是富人消遣、度假一种交通工具，同样在船舶中也存在一种供水上娱乐的高级消费工具——超级游艇，超级游艇集航海、娱乐、休闲等功能于一身，致力于满足个人及家庭的生活需求，是名副其实的"海上行宫"。

其实游艇已经有着300多年的历史。17世纪时的英国是个航海大国，那时人们制造了各类船舶，其中也包括游艇。1660年，英国查尔斯二世复辟王位，为了庆祝这位国王的归来，有人送给他一艘狩猎用船，名为"YACHT"，这在当时轰动一时。因为之前制造的船舶都是为实用性而造，专供娱乐的船舶还真是有新鲜，这位刚继位的国王也成为了游艇一族的始祖。

到了18世纪，在英国有更多的富人和王公贵族开始拥有私人游艇，并且这种彰显自己身份地位的娱乐工具很快在整个欧洲风靡起来，就像现在私人的超级跑车一样普遍。或是有条件的情侣开上游艇去海外谈情说爱，或是在游艇上共进烛光晚餐。虽然那时的游艇还是以帆船为主，依然为木制，但是给那个年代增添了一股浪漫、古朴的气息。

19世纪工业革命后，蒸汽动力逐渐被用在游艇上。到了20世纪，更多先进的科技被用在游艇里面，甚至是一艘普通的供游玩的小帆船也要配上小功率的马达和导航装置。先进的科学技术使得游艇给个人及家庭带来了良好的享受体验，越来越多的人开始乘上游艇享受生活，其中不乏一些名人。英国爱德华八世与沃丽斯·辛普森的浪漫爱情故事就是源于一艘游艇。英国戴安娜王妃就是在一艘游艇上与她的一个情人度过了一段美好的时光，成为车祸前永恒的美好记忆。

20世纪50年代之前,由于受战争的影响,游艇发展缓慢。50年代以后,世界经济得到恢复和发展,一些生产军事船舶的工厂将目光转向了民用船舶,他们将先进的生产技术用到游艇上。如美国的Hunter公司成为了当时最大的游艇制造商,他们制造的游艇在当时很受欢迎。英国向来是造船大国,在这一时期,他们游艇上先进的发动机、铝合金制造技术对后来现代游艇的发展有着重要的影响。

到20世纪60年代,随着世界经济快速发展,游艇制造行业也迎来了一段快速发展时期。随着科技的发展,玻璃钢材料逐渐取代胶合木,成为游艇主要的建造材料。当时发展最为迅速的是美国和意大利的游艇厂商,新技术的出现使得游艇的露天面积增加了30%。之后的几十年,游艇技术不断进步。直到21世纪,游艇大型化趋势越来越明显。现在的游艇,与其说是船,不如称之为"海上行宫"。

这些"海上行宫"不仅仅是提供更宽敞、更舒适的生活体验的娱乐工具,它所带来的革命性的生活体验成为现代高质量生活的一种体现。起初24米的游艇被称为大型游艇,但是现今,40多米的游艇都成了国际公认超级游艇的最小级别。这些"海上行宫"不仅大,而且多为私人订制,从游艇的外在造型到室内的装饰,无不体现着船主的生活品味。

保罗·艾伦是一位美国企业家,他是微软公司的创始者之一,可以想象这是个多么富有的家伙。保罗·艾伦就拥有一艘"章鱼"号游艇,其规模相当于一艘万吨级远洋船。游艇上配备了游泳池、棒球场、医院、电影院、车库,他还有自己的直升机,船上有60名船员,其中有些还是美国海军"海豹"突击队的退役军人,真是比一般的游轮还要豪华。

这些"海上行宫"不仅要豪华,安全性也十分重要。罗曼·阿布拉莫维奇是俄罗斯的石油大亨,他出身贫寒,是当今俄罗斯大亨中唯

大型豪华游艇

——位孤儿出身的人。可能是由于自小就懂得保护自己，当他富有后买了一艘超级游艇，这艘游艇不仅十分豪华，而且防御设施完善，玻璃是防弹的，还装有导弹探测系统。

"德尔芬"号于1921年由美国汽车大亨霍勒斯·道奇打造，艇长78.5千米，排水量达1255吨。这艘游艇在美国历史上也留下了重要的一笔，它参与了第二次世界大战，战后成为美国海军总司令的座驾，在这艘游艇上，美国总统罗斯福、英国首相丘吉尔、苏联领导人斯大林商讨过《雅尔塔协议》。如今任何人都可以以每天6万美元的价格租用它。

关于霍勒斯·道奇和他的"德尔芬"号游艇还有段有趣的历史。1900年年底，贺瑞斯·道奇和哥哥约翰·道奇在美国底特律建立了他们自己的机械厂，之后事业蒸蒸日上，约翰·道奇性格开朗，常常参加地方性的共和党政治活动，而弟弟贺瑞斯·道奇性格较为内向，所以受到了美国上流社会的排斥。

年轻气盛的贺瑞斯·道奇很热爱自己的游艇制造事业，虽然不受社交圈子欢迎，但也自得其乐。1903年他建造了12千米的"莲花"和"大黄蜂"号游艇，时隔两年又建造了尺寸更大的"大黄蜂"。1906年，贺瑞斯·道奇参加一个乡村俱乐部，再度被拒绝，贺瑞斯十分生气，就在俱乐部的旁边购买了大片土地，建造了一处庄园，这个庄园美丽无比，但最吸引人注意的还是停泊在庄园港湾的一艘艘豪华游艇，每当夜幕初上，他的庄园就让旁边的俱乐部黯然失色。那些以前看不起他的人也开始愿意与他来往，上流社会终于肯接纳贺瑞斯·道奇了。

之后贺瑞斯·道奇发现现有的游艇还是规模太小，于是相继打造了更多大尺寸的游艇，其中"德尔芬"号是贺瑞斯的最后一条船，这艘游艇以他女儿的名字命名，他还亲自设计了船的蒸汽引擎。1921年4月2日，"德尔芬"号下水，然而贺瑞斯却没有等到这一天的到来，早在四个月前，贺瑞斯就因病离开了人世。

"海上旅馆"豪华邮轮

看到"邮轮"一词很容易让我们想到这是一艘用来运输货物、传递信件的船舶，就像现在的"邮政"一样。早期的邮轮确实是用来传递信件的，但是随着时代的发展，传递信件的方式已经发生了翻天覆地的变化，现在通信技术如此发达，只要一个电话、一条信息，就可以将信息传递到世界任何一个地方，所以邮轮这种海上慢行的传递方式逐渐被历史淘汰了。

现在的邮轮已经成为为游客提供观光浏览的船舶，所以又被称为"游轮"，在邮轮上有大型的娱乐设施、豪华的服务、舒适的居住环境，也成为了一座移动的"海上旅馆"。

那么邮轮的名字是怎么来的呢？在喷气式飞机没有出现之前，国际间传递邮件只能通过海上船舶进行，这些航速较快、有特定航线的船舶在载运乘客的同时将邮件传到世界各地，因此被称为"邮轮"。

1900 年，"路易斯·维多利亚公主"号开始投入使用，成为世界上第一艘邮轮。"路易斯·维多利亚公主"号可载 192 人，总登记吨位为 4419 吨。20 世纪 50 年代后喷气式飞机的出现使得人们很快爱上了这种快捷的交通工具，客轮逐渐被取代，现在看到的邮轮多为大型豪华游轮。之后的半个多世纪中，邮轮一直是海上客运的主要交通工具。

20 世纪初，美国的 IMM 国际海运公司是当时世界上著名的"收购大王"，它在收购了英国著名的白星公司后，将目光锁定在了英国的航运公司——卡纳德公司。当时卡纳德公司的运营状况不是很好，面对伸来的"魔爪"，卡纳德公司没有办法，只好向英国政府求助。在英国政府的帮助下，卡纳德公司在 1907 年建造了两艘空前规模的快船——首次使用大型蒸汽轮机的"卢西塔尼亚"号和"毛里塔尼亚"号。

看到卡纳德公司崛起后，白星公司自认为要加紧对船只的研发，由于有着强大的 IMM 公司做后盾，白星公司底气十足，但是只有寻找到合适的合作伙伴才能够事半功倍。哈兰·沃尔夫船厂一直是白星公司的重要合作伙伴。1908 年的一个晴朗的晚上，哈兰·沃尔夫船厂老板皮尔里爵士和白星公司主席布鲁斯·伊斯梅，在皮尔里爵士的家中共进晚餐。不久他们就谈到了卡纳德公司建造的两艘新船，伊斯梅向老伙伴皮尔里真诚地提出了邀请，希望他能考虑一下建造两艘空前规模的巨轮，每艘有三座烟囱，吨位要超出卡纳德公司建造的两艘新船。

随着谈话的深入，他们认为建造三艘巨轮才能更好地建立起绝对的优势，并且这三艘巨轮要有四个烟囱，吨位和豪华程度要成为世界

"奥林匹克"号邮轮

之最。新船上要有跨越三层甲板的豪华餐厅，即使是三等舱也比其他的邮轮装饰高级、豪华。新船的吨位虽然增大了，但是航速不能太慢，起码要在 26 ～ 27 节。传统的双螺旋桨不能对航速有所提升，伊斯梅提出了在新船上安装三个螺旋桨的设想。两人越谈越兴奋，在商量了相关事宜后，各自回家开始了准备工作。

但是三个螺旋桨是否能够提高航速还有待实际验证，为此白星公司于 1909 年购买了两艘客船。这两艘客船与卡纳德公司新建的两艘船吨位相同。经过多次试验，证明了三个螺旋桨能够提高邮轮的航速。

白星公司宣布了三艘邮轮的名字，即"奥林匹克"号、"泰坦尼克"号和"巨人"号。他们起初打算同时建造三艘邮轮，但是哈伦·沃尔夫船厂的造船台显然不能同时容纳这样大的三艘邮轮，经过商议，决定先建造"奥林匹克"号和"泰坦尼克"号，等"奥林匹克"号下水后再建造"巨人"号。

"奥林匹克"号邮轮不仅外观宏伟高大，内部高端奢华，而且最引业内人士关注的是它拥有 16 个全自动水密舱，即使是其中三两个水密舱进水，仍能保证邮轮不会有沉没的危险，像"泰坦尼克"号那样因为奇特的碰撞方式导致沉没的概率极低。

1910 年 10 月 20 日上午 11 点，"奥林匹克"号邮轮在皮尔里爵士、伊斯梅，以及爱尔兰总督大人的注视下缓缓下水。这样大型的邮轮下水可不是个简单的小工程，为了保证将这个大家伙顺利送入海洋的怀抱，工人们在滑道上涂抹了 23 吨的猪油、鲸油和肥皂。在工人们一阵阵的吆喝声中，"奥林匹克"号脚底打着滑，飞快地下了水。

1911 年 6 月 3 日，"奥林匹克"号准备从南安普敦出发到纽约，进行首航。但是不巧赶上南安普敦的码头装煤工人突然罢了工。白星公司急忙从远处雇用了 300 多名工人，这才使得"奥林匹克"号顺利离港。

"奥林匹克"号到达纽约港后，引起了巨大的轰动，每天来港口参观的人们络绎不绝，就连港口停泊的船只也来凑热闹。一艘拖船在人们的惊愕声中撞在了"奥林匹克"号的船头，这艘可怜的小拖船去撞别人，却把自己搞得面目全非，其船头烂了一大块，而"奥林匹克"号只是有一点擦伤。人们再次为"奥林匹克"号的坚固所倾倒。6 月 28 日，"奥林匹克"号开始启程返航，但是一位粗心的乘客将眼镜忘在了岸上，白星公司得知这一情况后，马上联系在岸上的公司职员，让其乘坐一架小飞机将眼镜送过来。这件事轰动一时，人们觉得"奥林匹克"号的服务太贴心了。殊不知真实的事情是这样的：虽然确实有一架飞机飞到了"奥林匹克"号的上空，也有一个包裹从飞机上抛下，但是这个包裹就像是一个淘气的孩子，在甲板上跳跃了几下，就"扑通"一声跳到海里玩耍去了。

虽然首航碰到了一些小插曲，但是"奥林匹克"号还是在人们心中留下了深刻的印象。同年 9 月 20 日，"奥林匹克"号离开南安普敦港，

Part 5 航行在海上的豪华游轮

又一次前往美国。在离开码头没多久，它碰到了海军的"霍克"号，也许是这艘长期在海上潜伏的军舰太过无聊了，好不容易等来了"奥林匹克"号，于是与它并肩而走，但是不知怎的，"奥林匹克"号就像是一块巨大的磁铁，吸引着"霍克"号越靠越近，突然一声巨响，"霍克"号的舰头撞进了"奥林匹克"号的船尾，两艘船都损伤严重。"奥林匹克"号于匆忙中将乘客运送到岸上，草草修整后，开往贝尔法斯特进行大修。

1914 年，第一次世界大战爆发后，"奥林匹克"号被英国政府征用，改为了运兵船。期间运送了大量士兵。战争结束后，英政府将船还给了白星公司。经过多年的运营，到 1932 年，"奥林匹克"号已经是一艘旧船了。后来随着白星公司面临财务危机，不得不把整个公司并入卡纳德轮船公司。卡纳德轮船公司经过检查后认为"奥林匹克"号已经不再适合远航，就于 1935 年将它拆解了，只在英国的白天鹅旅馆留下了一些船上家具，以供纪念。

"玛丽女王二世"号邮轮是英国投资建造的一艘巨型邮轮，是目前世界上最出名的豪华邮轮，于 2004 年年初进行处女航。航线为从英国的南安普敦出发横跨大西洋最终达到美国纽约。该邮轮长 345 米，比三个足球场加起来还要长，宽 41 米，高 72 米，相当于 23 层楼那么高，排水量达到 76 000 吨，造价将近 8 亿美元。

船上有 1370 间豪华套房，大部分豪华套房都配有阳台，乘客可以在上面观赏风景。船上还配备了风格不同的酒吧，以满足不同人的需求。船上的餐厅多达 10 个，其中最大的餐厅可以容纳 1250 人就餐，餐厅为了满足世界各地人的饮食需求，特意提供了与之相适应的食物口味。如果去体验一次就知道那场面是多么壮观了。为了丰富乘客的生活，邮轮上还建有天文馆、影剧院、舞厅、篮球场、健身房、赌场、图书馆、商店等设施。

"玛丽女王二世"号邮轮

　　"玛丽女王二世"号既然由英国建造，必定会带有英国古典风格的庄重与典雅。邮轮上到处是艺术作品，油画、壁画、浮雕、水彩画等随处可见。在邮轮的公共区域有反映历史、不同文化的一些大型壁画，漫步在艺术的长廊，听着钢琴、小提琴等传来的美妙声音，真是让人如痴如醉、心旷神怡。

　　"钻石公主"号邮轮是驰名世界的邮轮品牌美国嘉年华邮轮集团旗下的"公主"号系列中的一艘，于 2004 年 3 月投入使用。该船体积庞大、基础设施完善，是全球最豪华邮轮之一。其船长 289.86 米，宽 37.49 米，高度达 62.5 米，排水量为 115 875 吨，船上有客舱 1337 间，可以容纳 2670 位乘客，其中一半多的房间都有海景阳台。船上有 5 个主餐厅，主要为欧美、亚洲地区的风味美食。船上有游泳池、公主剧院、酒吧、赌场、健身中心、免税商店、图书馆、网吧等设施，还有一个婚礼殿堂，许多新人都会在"钻石公主"号的见证下步入婚姻的殿堂。

　　"嘉年华精神"号邮轮是美国嘉年华邮轮集团打造的"精神"系列的第一艘邮轮，享有"快乐之舟"的美誉。该邮轮长 293.52 米，宽 32.31 米，高 62 米，共有 12 层，总吨位 85 900 吨，航速 22 海里，有旅客房间 1062 间，其中 80% 的房间都有海景阳台，可载客 2680 人，工作人员 961 名。"嘉年华精神"号于 2001 年 4 月 29 日首航，航线分别为夏威夷、墨西哥里维埃拉、阿拉斯加、南太平洋。"嘉年华精神"号邮轮造价为 3.75 亿美元，在来往的邮轮中，船房面积最大、最豪华，人们称它为"海上度假村"。

　　"嘉年华精神"号邮轮是集居住、餐饮、娱乐、休闲、购物等为一体的综合性海上大型豪华邮轮，全船设有两层散步甲板，视野开阔，乘客可以在甲板上享受每个潮起潮落的美景。船上有自助餐厅，有来自各个地方的风味美食。人们在浪漫的晚餐后，可以到购物区域逛逛，也可以参加晚上举办的多姿多彩的活动，各类表演节目让人眼花缭乱、应接不暇。

　　"海洋魅力"号邮轮是美国皇家加勒比海运公司订制的一艘大型豪华邮轮，它于 2009 年 11 月 20 日下水，其造价高达 15 亿美元，船长 361 米，宽 66 米，高 72 米，有客舱 2704 个，可搭载 6360 名游客。就像它的名字一样，这艘邮轮充满了魅力，不仅因为它是现今世界上最大的邮轮，而且因为它试航中那惊险的一幕。

　　"海洋魅力"号邮轮高达 72 米，已经接近当时经过的一座大桥的顶端，海事部门事先估算的是当"海洋魅力"号行驶到桥下面时，距顶端应该还有 50 厘米的空隙，所以造不成影响。但是在它试航的那一天，由于涨潮和天气变化，水面上涨，通行空间只留下 4 厘米，如果邮轮与大桥撞在一起，后果不堪设想，岸边观看的人都为"海洋魅力"号捏了一把汗。"海洋魅力"号的船长是一位经验丰富的老船长，发现这一情况后，他并没有惊慌，而是沉着冷静地指挥船员，将船上的大烟囱降了下来，"海洋魅力"号惊险地挤过了大桥。

"古斯特洛夫"号的沉没

　　1912 年 4 月 15 日，一艘由英国开往纽约的豪华客轮在纽芬兰附近海域撞上冰山沉没，造成了 1500 多人遇难，后来根据这一历史背景拍成了电影《泰坦尼克号》。很多人被电影当中表现出来的惨烈海难所震惊，并认为这是历史上最大的海难。其实历史上还有一次海难，其遇难人数是"泰坦尼克"号的 6 倍，只是这一海难由于受战争因素的影响没有被公开，此后也不了了之。直到 2002 年，德国诺贝尔文学奖获得者格拉斯以该事件为背景写的一部小说——《蟹行》开始流行起来，这次海难才开始被人们所熟知，这便是"威廉·古斯特洛夫"号事件。

　　"威廉·古斯特洛夫"号是德国纳粹期间的一艘邮轮，船的名字是为了纪念德国纳粹重要成员威廉·古斯特洛夫，他是希特勒的挚友，曾担任德国纳粹党驻瑞士分部主席一职，1936 年 2 月 6 日威廉·古斯特洛夫遇刺身亡，希特勒亲自为他主持了有 3.5 万人参加的隆重葬礼，并将 1937 年下水的一艘长 208 米、宽 23 米，排水量为 2.4 万吨的邮轮命名为"威廉·古斯特洛夫"号。

　　"威廉·古斯特洛夫"号邮轮的内部装饰豪华，餐厅、电影院、游泳池、舞厅、医疗室等一应俱全，其中还有个分娩室。这艘船起初是被德国劳工阵线用作组织工人旅游休闲之用，"二战"爆发后被德国政府征用，改为医疗船，后又改为训练船，为了掩蔽自己，船身也由原来的白色涂成了灰色。

　　时间到了 1945 年，这一年苏联军队向西进发，直逼德国东部，德国大量伤兵和难民滞留在哥德哈芬地区，德国政府急需将这些人转移到更为安全的西部地区，于是"威廉·古斯特洛夫"号开始登上了历史的舞台。

　　"威廉·古斯特洛夫"号邮轮在运送这些伤员和难民时，为了方便管理，在难民、伤员上船时都要进行实名登记，可是当记录到 6050

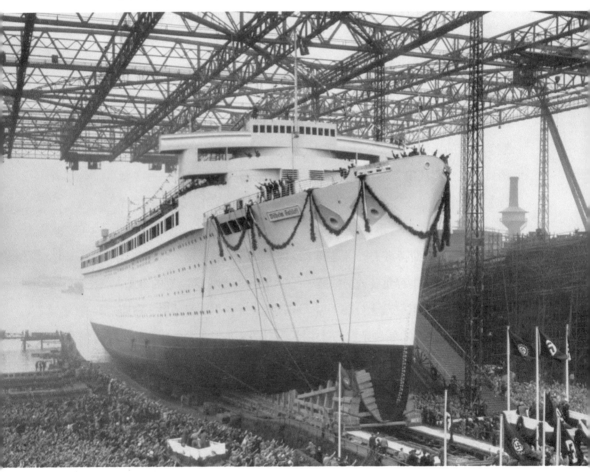

"威廉·古斯特洛夫"号

名时，厚厚的几本登记簿已经是写得满满的，其中船员 173 人、海军官兵 918 人、女医护人员 373 人、伤兵 162 人、难民 4424 人，登记到这时已经没有多余的纸张，于是登记人员就省略掉了之后的登记步骤，剩下拥挤在甲板上及分散在船上各处的 4000 多人没有被登记，这也造成了事故后剩下的人名根本无从考证。这艘核定载客近 2000 人的邮轮竟然被挤满了船上的每一个空隙，根据后来考证，当时船上共搭载了 10 582 人！

1945 年 1 月 30 日中午 12 时 20 分，"威廉·古斯特洛夫"号开始驶离哥德哈芬港，执行这次航行任务的是已经 63 岁的弗里德里克·彼德森船长，这是一位拥有多年航海经验的老船长，但是由于已经很多年没有指挥过航行，他对这次临危受命心里还是有点担心，因为当时苏联军队已经在波罗的海范围活动，这是一件很危险的事情。

当时"威廉·古斯特洛夫"号只配有几门防空炮。本来这样大型的人员疏散船是需要 3 艘军舰进行护航的，但是由于战事紧张，根本抽不出多余的军舰，于是一艘鱼雷艇和一艘老掉牙的鱼雷救生艇跟着"威廉·古斯特洛夫"号一起离开了港口，途中那艘老掉牙的救生艇还因为故障返航了。

此时的"威廉·古斯特洛夫"号上由于人实在是太多了，甲板上的人三五成群热闹地聊着天，游泳池里欢声笑语，电影院中挤满了看电影的人，餐厅中大家聊着当下的时事，以及对去到西部地区后的打算，分娩室中不时传来婴儿的啼哭声，已经有 4 个小生命来到了这个世界上，第 5 个小生命将在今夜降临。

18 时左右，彼德森船长接到一封电报，提醒他一个德国海军的小型扫雷艇舰队正朝着"古斯特洛夫"号驶来，要他注意规避，彼德森船长打开了船侧的灯光，避免与来船碰撞。然而正是这点点灯光为它引来了致命的敌人——苏联潜艇。当时亚历山大·马利涅斯科少校指挥的 C-13 号潜艇正在执行潜入波罗的海伺机攻击敌舰的任务。艇上的值班军官向马利涅斯科少校报告说前方有灯光移动。马利涅斯科少校仔细分析了情况，发现了护卫在一旁的鱼雷艇，认为这是一艘德国大型运兵船。

19 时 30 分左右，"古斯特洛夫"号关闭了船舷灯。然而，一切都太晚了，C-13 号潜艇悄悄潜入到"古斯特洛夫"号左舷与海岸线之间，鱼雷艇当时行驶在"古斯特洛夫"号的右边，加上天气原因，鱼雷艇并没有发现 C-13 号潜艇的存在。就这样行驶了一个多小时，到 21 时左右，C-13 号潜艇开始加速超过"古斯特洛夫"号，然后调转潜艇，使得潜艇与"古斯特洛夫"号成 90 度夹角，这是最理想的攻击位置。马利涅斯科少校命令艇员准备发射 4 枚鱼雷。这 4 枚鱼雷的弹体上分别写上了"为了祖国母亲！""为了斯大林！""为了苏联人民！""为了列宁格勒！"

第一枚击中了左舷的船头；第二枚钻进船身中间的游泳池，当即游泳池中发生大爆炸，死伤无数；第三枚击中发动机房，造成引擎瘫痪。只有第四枚鱼雷卡在了发射管中。伴随着剧烈的爆炸声，"古斯特洛夫"号开始倾斜，船上的人惊慌失措，一时间混乱无比。船员们迅速放下救生艇，并发出求救信号，鱼雷艇也迅速开始救援，"希佩尔"号巡洋舰匆匆赶来救援时已不见船影，但是由于救生设备实在有限，仅仅救了 1239 人，这其中大多还是妇女和儿童，剩下的 9000 多人永远葬身在了冰冷的海水中。

Part 6

称霸于海洋的"军舰"

在所有船舶类型中，有一种船舶守卫着国家的海洋主权，这类船舶就是"军舰"。"战列舰"在很长一段时期内都是海洋的霸主，直到"二战"后，它的地位才被航母取代。自鸦片战争以来，列强以坚船利炮打开了中国的大门，为了增强海防力量，中国开始引进国外先进的战舰，同时建造自己的军舰。

福建船政建造的舰船

福州船政局是中国历史上赫赫有名的造船厂，由清末时期闽浙总督左宗棠在 1866 年创办，因地处马尾，所以又称为马尾船政局，福州船政局主要制造兵船、炮舰，以增强当时的海上力量，经过发展成为了当时远东第一造船厂。

从 19 世纪 60 年代开始，为了增强国力，中国兴起了洋务运动，其中著名的有李鸿章成立的江南制造总局、曾国藩创办的安庆内军械所以及左宗棠开办的福州船政局。其中江南制造总局和福州船政局都是制造战舰、兵船培养军事人才的地方。1866 年，在扫清太平军残余势力后，左宗棠开始筹办福州船政局，因为左宗棠已经深深意识到富国强兵的重要性，在他给朝廷的奏折中这样写道："臣愚以为欲防海之而收其利，非整理水师不可；欲整理水师，非设局监造轮船不可。"同时认为："轮船成则漕政兴，军政举，商民之困纾，海关之税旺，一时之费，数世之利也。"朝廷批准后，左宗棠与法国人签订了合作协议，开始建厂，同时为了培养新时期的海上军事人才，他还创办了船政学堂，为当时的清朝培养了一大批军事人才。福建船政局在发展期间，建立了庞大的战舰生产基地，生产出了大量战舰，增强了当时的海上军事力量，在中国近代造船史上占据着重要的地位。

"万年青"号是福州船政局建造的第一艘战舰，耗时 6 个月，于 1869 年 6 月完工，总造价约 16 万两，战舰采用传统木制，虽无装甲，却装有 6 门火炮，以蒸汽为动力，蒸汽机是制造式的 2 汽缸往复蒸汽机。"万年青"号之所以采用这款蒸汽机，更多的是看中它的优点，立式蒸汽机相比其他的蒸汽机所需空间更小，腾出来的空间可以布置货仓，因为左宗棠最初的设想是将这艘船定位为兵商两用。但是立式蒸汽机也有缺点，横向的空间节省了，纵向就得加高，军舰干舷加高了势必会增加中弹的概率，所以这艘"万年青"号实则是商用所占比重较大。

　　与蒸汽机相配的还有两座方形锅炉，这种锅炉在当时十分流行，很多蒸汽舰船都装有这种锅炉，例如，英国的"勇士"号军舰就是采用这种锅炉，可见"万年青"号在当时的核心动力方面是采用的最先进的技术。

　　"万年青"号军舰的结构和风格都没有脱离风帆军舰的特点，其主甲板上装有3根主桅，均微微倾斜，若是蒸汽动力不足，上面大面积的风帆就成了主要的推动力。在船只的每侧都布置了5个炮门，每侧都有1个登舰口，可以装载10门火炮，但是根据记载，在运营初期只装载了6门火炮，火炮的相关型号记载也颇为混乱。但是有一点

"万年青"号

可以肯定，就是每个炮门都非常狭窄，火炮射界调整幅度都很小，这一点大大减少了它的战斗力。

"万年青"号作为具有开创意义的战舰，不仅功能全面，而且外观也颇为漂亮。据记载，"万年青"号使用的是当时十分流行的法式涂装，舰整体呈天蓝色，在海上与天空和大海融为一体，海天之间不分你我。因为战舰是木制，所以船体耐腐蚀性较差，为了增强军舰的耐用性，在船体水下部分包上了铜皮，上面是纯净的天蓝色，下面是古朴的铜色，两者相得益彰。再加上"万年青"号修长的船体，这艘船就像是一位古代君子，既刚健威武，又有翩翩风度。

"万年青"号试水成功后一直停在福州船政局附近的江边，进行最后舾装工作，即船上设备的安装工作。当时的船政大臣为沈葆桢，他是一位很有远见的大臣，心想"万年青"号一时半会儿还不能使用，这段时间自然也不能闲着，于是开始为"万年青"号选配官兵，并且进行操练。

船员有了后自然需要一位经验丰富、能当大任的舰长，当时已近40的贝锦泉最终成为了这艘战舰的驾驭者。贝锦泉是一位颇为传奇的人物，后来成为了中法战争中的重要将领。贝锦泉是浙江宁波人，宁波自古以来就是重要的对外贸易港口，生活在海港城市的贝锦泉小时候就十分向往海上的生活，他虽然家境贫寒，但立志要当一名水手。在他长大后，经人介绍登上了一艘葡萄牙船当水手，终于实现了他的愿望。

在这艘船上，贝锦泉积累了大量航海知识，本来想一展宏图，可是事与愿违，期间他得了一场大病，只好回到家乡。等病好以后，只能以渡船为生。当时宁波地区海盗不断，宁波政府和地方乡绅共同出资买了一艘蒸汽炮舰来打击海盗势力，听闻贝锦泉曾出海在外国船上待过，而且学识丰富，就聘请贝锦泉为管带。贝锦泉知道展示自己的机会来了，他尽心尽力地打击海盗，消灭了大量海盗势力，由此声名远扬。左宗棠督抚闽浙后，有人向他推荐了贝锦泉，从此贝锦泉就到了左宗棠那里出任一艘轮船的管带，后来"万年青"号建成后左宗棠将他推荐给沈葆桢，这才有了贝锦泉和"万年青"号的不解之缘。

除了"万年青"号战舰，福州船政局还建造了"湄云"号、"福星"号、"伏波"号、"扬武"号、"威远"号、"平远"号等著名战舰，成为当时中国海防的重要军事力量，后来随着福州船政局的逐渐衰败，中国战舰也主要依靠从海外进口了。

民国时期的海军舰艇

清末的洋务运动可以说是中国向西方学习先进科学技术文化的一场变革，在这场变革中，海上军事力量的建设也是重中之重，随着福州船政局和江南制造总局的先后兴办，清朝的海上军事力量有一定增强，人们对这段历史也津津乐道，百谈不厌。但是从清朝灭亡到民国时期，很少有人提到中国的海上军事力量了，在那个军阀混战的年代，没有多少人对中国边防事业的发展上心了。

确实，在这一混乱时期，各地军阀混战不断，海上军事都是各自管理，常常发生摩擦，哪还有精力来发展，外国势力看到中国的一片混乱，懒得参与，索性不闻不问，对中国实行了武器禁运政策。没有先进的船舶制造技术的传入，只好吃清末的老本，或是制造老式的战舰，或是将老掉牙的战舰拿来装装改改就上阵了。也有的地方战舰缺乏，只能拿商船来抵充，商船上加上几门大炮也成了战舰，其中一艘"镇海"舰颇为有名，在这艘战舰上竟然搭载了水上飞机，这在当时可是了不得的事情，因为当时的舰载航空力量还处于萌芽阶段，可以说在这一点上，"镇海"舰已经走在了世界的前列。

北伐战争胜利后，国民政府成立，中国终于在形式上得到了统一。这一时期，海军建设终于迎来了一线曙光。国民政府定都南京后不久，就建造了第一艘军舰——长江炮舰"咸宁"号，国民政府在其下水典礼上宣布要大力建设海军，建设海上军事强国。自此，民国时期的海上军事力量建设才逐渐开始，先是利用先前的技术建造一些小型炮舰，然后逐渐扩大尺寸、规模，并从海外购买先进的大型军舰，也许是源于那一句"敏而好学，不耻下问"，这时的中国人已经深得学习模仿的精髓，从日本买回大型巡洋舰"宁海"号后，根据其图纸，在江南造船厂自行设计建造了"平海"号，成为了民国期间我国自主建造的最大军舰。

"平海"号的建造过程也是十分艰难曲折，虽然由江南造船厂建造，可是船上的一些重要零件还是需要日本提供，但是日本方面早就谋划了侵华战争，因此故意拖延零件供应时间，原本在 1933 年就可以下水的"平海"号，直到两年后才开始下水，等到舾装完毕后，已经是 1936 年的 6 月，这时距抗日战争爆发只有短短的一年。

第二年抗日战争爆发，"平海"号同"宁海"号一同担任起阻击日军侵犯的任务，当时和许多战舰一起被布置在江阴，本拟采取封锁江阴、聚歼敌舰于长江的措施，不料军事机密被汪精卫的机要秘书泄露给了日本驻南京总领事，导致计划落空。后来日军开始对江阴阻塞线附近的中国舰队展开空袭。第一批日军战机来袭，直击"平海"号和"宁海"号，两艘战舰全力开火，日本战机一度无法靠近。日军加大了火力，第二批战机来袭，"平海"号难以抵挡，多处中弹，但依然坚持抵抗。之后的几天，日军调集大量战机想要摧毁这两艘战舰，"平海"号终于抵挡不住撤往南京，日机紧追不舍，一路狂轰乱炸，使得一代名舰搁沉于十二圩浅滩，"宁海"号也于 24 日坐沉于八圩。

海/船

Ships

民国时期"平海"号战舰

　　后来日军将这两艘战舰打捞了回去，准备修复后再用，但由于太平洋战争爆发，造船厂工期繁忙，一时间没有时间修理，于是被搁置了下来。太平洋战争中，日军的军舰受损严重，于是又开始修理这两艘战舰，分别以新名字命名，改名后的"宁海"号在一次执行任务途中被美军击沉，同样，改名后的"平海"号也难逃此噩运。从此这两艘民国时期赫赫有名的战舰退出了历史的舞台。

　　虽然这两艘军舰的一些技术在当时已经很先进，但是也有自身的弱点，首先就是装甲薄弱，防御能力差；其次是动力装置也有些陈旧，如果真在海上遇见了国外先进的军舰，既不能很好地防御，跑也不跑不快，所以这两艘军舰当时其实是被当作训练舰来用的。主要是为海军提供一个训练平台，海军官兵在这个训练平台上逐渐了解、掌握当时的海军技术、海军装备，为日后海军的进一步发展奠定了基础。

　　即使是这样，这两艘军舰在当时依然有着特殊的意义，它们都装备了多种先进的武器设备，以及全新的射击控制装置。可以说这两艘战舰是当时中国海军实力的象征，展示了中国的造船水准，向世人展示了中国海军崭新的面貌。

为了快速提高海上军事力量，国民政府曾将目光锁定在了鱼雷快艇身上，鱼雷快艇是在第一次世界大战期间涌现出的新型舰艇，具有小型快速、高速突击的特点，为此国民政府还创办了专门的学校，逐渐形成了一定规模的舰艇力量，这些舰艇多以古代名将的名字命名，如岳飞、文天祥、史可法等，旨在激发青少年的爱国热情，积极投身于海上军事事业的建设中。

在这些鱼雷快艇中有一艘舰艇最为出名，它就是隶属于史可法中队的"史102"舰艇。淞沪会战爆发时，这艘舰艇从江阴沿内河道，一路躲避过日军的空中侦察到达了上海，它的目标是日军的旗舰"出云"号。1937年8月16日晚8点，"史102"舰高速驶向停泊在黄浦江上的日本海军驱逐舰和英、法、意等国军舰，在距"出云"号300米左右的江面，以顶角50度向其瞄准，连续发射2枚鱼雷后迅速转舵回航。由于"出云"号周围防护严密，鱼雷未能命中目标，但雷体爆炸使其受到了一定创伤。"史102"舰虽然没能成功击中敌舰，但是沉重打击了日军的嚣张气焰，日军发现军舰受袭后，慌忙连夜转移。这是中国海军唯一一次主动袭击日军舰艇的行动，在中国海军史上有着重要的意义。

战列舰——曾经的海上主力舰

战列舰是一种攻击与防御并重的战舰，战舰上装有大口径的火炮，具有很强的战斗力，同时厚重的装甲也为它提供了很好的保护，是承担远洋作战任务的大型水面作战舰艇。战列舰早在风帆时代就已经产生，早期的战船就是战列舰，18世纪中后期随着蒸汽动力的出现逐渐变革，战列舰在第一次世界大战中展示了非凡的实力，雄霸海洋世界，是当时的主力舰种之一。第二次世界大战结束后，其地位逐渐被航空母舰和弹道导弹潜艇所取代。

15 世纪末迎来了大帆船时代，这时建造的帆船上已经能够装载多门火炮，船首尾因为狭窄，一般只安装一两门轻炮，船身两侧巨大的空间成了火炮集中安装的位置，所以这一时期的战列舰的一个明显的特点就是两侧排满了密集的火炮。

在帆船时代，既没有鱼雷，也没有导弹，除非是受到另一艘战列舰的攻击，否则排满炮筒的战列舰就成了真正的海上霸主，普通船只是拿它没有办法的，其他类的战舰遇到战列舰，只有两种选择，要么乖乖投降，要么抛下包括火炮在内的所有负重，逃之夭夭。然而，一些运动缓慢的船只往往只能选择前者，只有那些轻快、敏捷的快速帆船才能逃脱被"捕杀"的命运。

战列舰巨大的作战能力在当时受到了各个国家的喜爱，大家纷纷建造战列舰，并且逐渐增加火炮的数量，最大的战列舰甚至能够装载100 门以上火炮。19 世纪 20 年代美国建造的"宾夕法尼亚"号战列舰装载有 120 门火炮，但是人们还是不满足，后来又增加到 140 门火炮。想象一下在战斗中 140 门火炮齐发的场面，虽然每门火炮的威力不是那么强大，但是 140 门火炮同时发射，一般的战船是抵挡不住的。

19 世纪的工业革命改变了世界的发展进程，机械化逐渐成为工业的主流，海军面貌也焕然一新，蒸汽动力的出现使得战列舰的推动力发生了自产生以来最大的变化，战列舰变得更加快速敏捷。同时由于金属船体逐渐取代传统的木制船体，战列舰的防御变得更加强悍。在火力方面，新式火炮不再装在战舰两侧，而是装在甲板中心线上的装甲炮塔里，这些炮塔都用厚厚的装甲打造，从而保证了火炮的安全。

1849 年，法国建造出了世界第一艘装载有蒸汽机的战列舰——"拿破仑"号，但是仍然挂有风帆，因为法国人对这个新生事物还不是很相信。拿破仑帝国崩溃后，因争夺巴尔干半岛的控制权，欧洲大陆曾爆发了著名的克里米亚战争，在这期间，装有蒸汽动力的战列舰发挥了重要的作用。战后法国人又开始建造规格更大的战列舰。1862年，法国建造了一艘装有旋转炮塔的战列舰——"阿尔贝王子"号，其特点是炮塔可以向任意方向移动，大大增强了炮塔的灵活性。英国也不甘落后，建造了"勇士"号战列舰，成为当时著名的铁壳军舰之一。这一时期的战列舰已经摆脱了风力的限制，能够快速地自由航行，但是都有一个特点，就是战舰上的风帆一直没有去掉。

直到1873年，英国"蹂躏"号战列舰的出现才改变了这一情况，这艘战舰将风帆废除了，该舰也成为了世界海军史上第一艘纯蒸汽动力战列舰。发展到这一时期，蒸汽机不仅能为战列舰提供动力，

现代战列舰

而且还被用于操纵舵系统、转动装甲炮塔系统、锚泊系统、升降舰载小艇等。这时的炮塔多采用 360 度旋转式，攻击范围较之前扩大很多。舰炮还普遍采用了螺旋膛线，攻击力也进一步增强。因这时的战舰已经"全副武装"，所以又被称为"铁甲舰"，我国著名的定远舰、镇远舰都是铁甲舰。

1892 年，英国建造出了一艘名为"君权"号的战列舰，这艘战列舰有一个显著的特点——全采用钢制，自此产生了世界上第一艘采用全钢质舰体的战列舰。此后各国纷纷模仿制造，之后的战列舰满载时排水量可达到 12 000 ～ 15 000 吨，主炮口径也达到 300 ～ 350 毫米，可以说战斗能力非常强悍。战列舰本就是攻击与防御并重的战舰，因此防御能力至关重要，这时战舰的防护装甲的厚度已经达到 230 ～ 450 毫米，航速也非常快。

到 1906 年，英国又建造了一种全新的战列舰——无畏舰，舰上配有高功率的蒸汽轮机以及统一口径的重型火炮，无畏舰的标准排水量为 17 900 吨，航速 21 节，装备有 5 座双联装 305 毫米主炮，24 门 76 毫米副炮，5 具水下鱼雷发射器。到 1914 年第一次世界大战爆发前，英国共有战列舰和战列巡洋舰 73 艘。

在第一次世界大战中英德两国爆发了大规模海战——日德兰海战。在这场战争中，战列舰成为了主宰。战后各国认识到战列舰的强大，纷纷展开战列舰的研究计划。英国对无畏舰进行了重大改进：增大主炮口径，增强炮塔、火药库等部位的防护，加强对水线以下鱼雷的防护等。1922 年的《华盛顿海军条约》和 1930 年的《伦敦海军条约》对于签约国的新型战列舰进行了限制，但是 1935 年条约到期后，各国又开始纷纷建造新型战列舰。但与此同时，航母也开始发展起来了，在第二次世界大战中，航母成为了耀眼的明星，"二战"后，战列舰的地位逐渐被航母所代替，不再是战舰的主力。

中国近代著名炮舰：中山舰

中山舰，原名永丰舰，是中国近代史上赫赫有名的战舰，这艘战舰与众不同的地方在于其更多的是与政治挂钩，见证了当时中国历史上诸多的重大事件，有历史学家认为"最能体现其重要性并使其名扬中外的是中山舰所承载的特殊历史价值"。

在甲午中日战争中，清朝政府引以为傲的北洋水师全军覆没，中日《马关条约》签订后，清政府已深深意识到加强海防的重要性，于是开始着力建设海上军事力量，而海上战舰是军事力量最主要的体现，因此清政府开始向海外采购战舰。

1910年（宣统二年），清政府派大臣到西方各国及日本参观学习并订购军舰。其中，在日本三菱造船厂订购了一艘炮舰，该炮舰配有8门舰炮，在当时火力还是较为强大的，船身均用钢造，防御性也较好。这艘炮舰取名"永丰"，意为羽毛永远丰满，象征统治者的昌盛不衰。然而历史总是这么突如其来地转变，等到永丰舰竣工下水时，这艘炮舰便易了主，清朝灭亡了，到了民国时期。当时袁世凯政府付清了造船的欠款，该舰就为袁世凯所用，曾经参与过二次革命的镇压。袁世凯在就任中华民国大总统后，依然不满足，复辟称帝。孙中山发表《讨袁檄文》，全国掀起了倒袁运动的浪潮。海军司令李鼎新等人登上永丰舰宣布起义。

后来袁世凯被迫取消了帝制，改为共和，段祺瑞出任当时的国务总理一职。袁世凯死后，段祺瑞登上了历史的舞台，他虽为国务总理，却独揽大权，拒绝恢复《临时约法》。1917年，孙中山在广州揭起护法大旗，开始了轰轰烈烈的护法运动。期间以永丰舰为主的舰队南下广州，组建了西南护法舰队。

孙中山在广州护法海军大会中说："海军是离不开水的，今天天

中山舰

降暴雨，意在欢迎我海军将士，也是我护法舰队的良好开端。"现场军民士气高涨，一起高呼："拥护孙中山先生，坚决护法到底。"

时间到了 1922 年，这一年注定是不平凡的一年，当时孙中山想要挥师北伐，粤军总司令兼陆军部长陈炯明反对北伐，发兵叛变，并派兵包围孙中山的总统府，孙中山情急之下只好乔装打扮成一个外出急诊的医生，在卫兵护送下一路辗转来到了永丰舰，这样永丰舰就成了孙中山的座舰。

叛军在得知孙中山在永丰舰上时，调集舰队前来攻击，孙中山镇定自若，下达平叛指令，一次次打退了来袭的叛军。在一次军事会议后，孙中山决定进军白鹅潭，他身先士卒，在战舰上亲自指挥战斗，大声疾呼："民国存亡，在此一举，今日之事，有进无退。"舰上官兵深受鼓舞，向叛军发动猛烈攻击，永丰舰在枪林弹雨中愈战愈勇。驻泊在白鹅潭的叛军得知孙中山在永丰舰上时，调遣了附近大量的兵力集中攻打永丰舰，长时间的战斗使永丰舰身中数弹，情急之下，官兵多次劝说孙中山让他离开，无奈炮火实在太过猛烈，孙中山只好到下舱躲避。之后，永丰舰又身中数弹，官兵死伤惨重，炮手相继阵亡，后来在全体官兵的奋力还击下，叛军坚持不住，纷纷溃败逃离，永丰舰率领其他战舰进驻到白鹅潭。

在永丰舰驻泊白鹅潭后，时不时有叛军来袭，一次永丰舰完成巡航任务停泊后不久，突然伴随着一声巨响，一丈多高的水柱在舰旁喷起，舰体震动，猛烈摇晃起来，当时孙中山正在就餐，餐具相互碰撞，有的甚至掉在了地上。官兵急忙去探查情况，原来在刚才的地方被人放置了水雷，只因潮水退去，舰身移了位才躲过了一劫。

就这样不知经历了多少次凶险，永丰舰历经 55 天后终于到达了安全区域，在这期间，孙中山与官兵建立了深厚的情谊，蒋介石当时也一直陪伴在孙中山身边，两人结下了深厚的友谊，这才有了后来"中山舰"的命名。

此后永丰舰一直伴随着孙中山，直到 1925 年 3 月 12 日孙中山因病去世。这一天举国悲痛，广州革命政府为纪念这位中国革命的先行者，隆重举行永丰舰改名典礼，典礼上，广东省省长发表演说："1917年，孙中山先生南下护法，永丰舰由上海开赴广州，追随孙中山先生，投入反对北洋军阀的护法斗争。这是永丰舰的首义之举……为纪念孙中山先生，表彰永丰舰功绩，现在我宣布：将永丰舰改名为中山舰。"从此，中山舰和一代伟人孙中山的名字紧紧连在了一起。

在国共对峙期间，中山舰亲历了 10 年的动荡风云，它参加了南京政府的"二期北伐"，又历经蒋桂战争、两广事变。同时成为这一时期南京国民政府要员主要的搭乘军舰。卢沟桥事变后，以中心舰为首的战舰积极投身于抗日战争中，在长江中下游布防，以阻止日本舰队进入长江。

海／船

Ships

随着战事的升级，国民军队节节败退，南京失守，1938年10月27日武汉三镇全部沦陷。中山舰奉命从岳阳出发，到武昌金口水域警戒布防，一场大战随即发生，这也是中山舰最后辉煌的时刻。

1938年10月24日下午日军战机来袭，进行大规模的轰炸，中山舰与敌机展开了殊死搏斗，怎奈敌众我寡，不久中山舰就身中数弹，千疮百孔，开始摇摇欲坠。下午3时50分，在倾斜度达到40度之时，一声巨响，一代名舰中山舰就此沉没于滔滔江水之中，伴随它的还有包括舰长萨师俊在内的25（一说24名）名英雄官兵。

Part 7

海战中坚力量的巡洋舰

除了战列舰，在远洋作战中还有一类为航母舰队护航，保卫己方或破坏敌方的海上交通线，对海上目标进行打击，为登陆作战提供火力支援的大型水面战斗舰艇——巡洋舰，它的地位仅次于战列舰，是海军的主要舰种。

独立自主——巡洋舰

在海军舰种中有这样一种军舰，它在攻击、防御、排水量等方面仅次于战列舰，这种战舰虽然火力不如战列舰强大，但是较为轻快，在战斗中常常担任巡航、侦查、护卫其他战舰编队、进行火力支援等任务。无论是在战列舰时代还是航母时代，它都处于次席位置，英文名为 cruiser，意为巡护舰，但是这样的名字未免不够霸气，于是人们给它改名为"巡洋舰"。

巡洋舰是伴随着战列舰而产生的，15 世纪随着战列舰这一海上霸主的产生，海上来往的船只都开始小心谨慎起来，对于主要以海上军事力量为主的一些国家，海上防御同样重要，而侦查、护航工作变得尤为重要，所以一种具有作战能力，航速较快的战舰——巡洋舰被制造出来。16 世纪的英国不仅是建造战列舰的大国，其海上防御力量也非常强大，早在 16 世纪初，英国就建造了"亨利"号战船，这是最早的巡洋舰。

19 世纪的英国爆发了一场蒸汽机革命，蒸汽机被运用到各行各业，以蒸汽为推进动力的战舰渐渐成为时代的主流，早期的巡洋舰也与时俱进，装上了明轮式推动器，但是这种推进器效率不是很高，所以这时的巡洋舰并没有被人们所认同。后来随着科技的发展，出现了螺旋桨式推动器，但是人们对新生事物总存在着质疑，于是在 1845 年，英国海军组织了一场有趣的比赛：比赛的主角中一艘是久经沙场以明轮为推动力的"爱里克托"号，另一艘是沙场新秀以螺旋桨推进器为动力的"响尾蛇"号。单轮名字来看，"响尾蛇"更霸气些。人们在这两艘战舰舰尾系上钢缆，让两艘战舰朝相反的方向拉，看谁拉得过谁，以此来鉴别哪种推进方式更好。比赛的结果当然不言而喻了，新生的事物战胜了旧事物——"响尾蛇"号将"爱里克托"号拉了过去。

于是从这以后，大多战舰上都开始采用这种装在水下、隐蔽性好、推动力强的推进方式。

　　螺旋式的推进方式也为巡洋舰能装上厚重的装甲提供了条件。舰船到 19 世纪时，木船已经承受不住猛烈的炮火了，所以这一时期的巡洋舰开始"全副武装"，到处裹有厚重的甲板，但是防御增强的同时也带来了一个难题——航行速度跟不上，而这是巡洋舰的根本。螺旋桨式推动器拥有较强的推进动力，披上厚厚装甲的巡洋舰依然能像一条迅捷的猎豹一样驰骋于海上。1859 年法国建造了一艘巡洋舰，这艘巡洋舰裹有厚重的铁皮，以螺旋桨推进，成为世界上第一艘装甲巡

英国制造的巡洋舰

洋舰，正如它的名字"光荣"号一样，它为法国带来了光荣。

19世纪60年代，美国爆发了南北战争。在内战期间，美国建造了新型巡洋舰，这些巡洋舰装有旋转炮塔式舰炮，能够多角度、全方位地打击敌人，增强了战舰的作战能力。其中"班长"号巡洋舰成为世界上最早的装有旋转式炮塔的装甲巡洋舰，在战争中大放异彩。

19世纪80年代又迎来了船舶发展的崭新时期。这一时期建造的巡洋舰最主要的特点就是不见了风帆，与现代巡洋舰外形已经很接近。发展到20世纪初，现代巡洋舰开始产生。1904年英国建造了世界上第一艘汽轮机巡洋舰——"紫石英"号，至此开启了现代巡洋舰的时代。

从20世纪初到第一次世界大战之前，巡洋舰作为海上重要的军事舰种发展迅速。到第一次世界大战爆发后，参战各国对大型化、高速、攻击力强的巡洋舰的需求较高，所以因战争的需求，这一时期各国对巡洋舰的建造十分重视。"一战"过后，这些国家深深意识到战争带来的灾难，开始纷纷限定海上军事力量，1922年签订了《限制海军军备条约》，条约中限定了大舰的建造，战列舰和航母首当其冲，成为被限制的对象，而居于次位的巡洋舰就成为了各国竞相研发的对象，所以这一时期巡洋舰成为了重点发展的目标。后来在"二战"前，这一条约解除后，世界上的军事强国更加大肆地建造巡洋舰，到"二战"爆发前夕，英国、美国、法国、德国、意大利、日本6国已经总共拥有各种巡洋舰近200艘。

由于航空母舰在"二战"中大放异彩，作为航空母舰的护卫舰，巡洋舰的地位也得到了很大提高，在战争中发挥了巨大的作用，如在太平洋战争和诺曼底登陆中，巡洋舰都提供了强大的火力支援。其中在诺曼底登陆中，美英两国共出动了23艘巡洋舰，为海陆部队护航。

第二次世界大战对世界各国造成的伤害是巨大的。战后各国又开始对航母、大型战舰的建造进行限制，加上各国都在积极恢复经济，巡洋舰的发展进入到了一段低迷时期。直到1951年，苏联开始建造"斯维尔德洛夫"号巡洋舰，才逐渐恢复了巡洋舰的建造热潮。随后，装有导弹，载有直升机、核动力装置的巡洋舰逐渐出现。在众多建造巡洋舰的国家中，以美国为盛。

"波士顿"号巡洋舰是美国著名的巡洋舰，1955年，美国对"波士顿"号进行改造，在上面装载了导弹，使其成为了世界上第一艘导弹巡洋舰。时隔两年，美国又开始建造核动力巡洋舰——"长滩"号，成为世界上第一艘搭载有核动力装置的巡洋舰。

现代巡洋舰排水量大，配套设施完善，防空、反潜、反舰导弹系统一应俱全，舰上配置了导弹、火炮、鱼雷，威力强大，作战功能更加多样化，成为海上军事力量的重要组成部分。

巡洋之王："基洛夫"级核动力巡洋舰

第二次世界大战结束后，大型海上军事战舰的建造一度进入一段低迷时期，航空母舰和战列舰的建造受到严格限制，世界各国只能从巡洋舰上下手。"基洛夫"级巡洋舰是苏联在20世纪80年代建造的一级核动力导弹巡洋舰，该系列共有四艘，分别为"基洛夫"号、"加里宁"号、"伏龙芝"号和"安德罗波夫"号，其中"基洛夫"号巡洋舰是该系列的第一艘巡洋舰。

苏联对"基洛夫"号巡洋舰的建造其实是源于一场对峙。1959年古巴取得了人民革命的胜利，成立了古巴共和国。新政权成立初期与美国的关系良好，后来由于新政府的成员变动，两国的关系逐渐出现裂缝，美国对新政府的态度也不像以前那么友好，并想通过一些政策来使古巴新政府妥协，但是新建立的古巴政权，并不屈服于美国带来的压力，于是两国关系进一步恶化。后来美国对古巴展开经济封锁，古巴是一个食糖生产大国，大量的食糖卖不出去，造成了国民经济的严重损伤。

古巴政府不得不向世界上的另一个大国——苏联请求帮助，于是苏联就在古巴部署了中程导弹。美国方面也不甘示弱，1962 年 10 月 24 日，由 90 艘军舰组成的美国庞大舰队封锁了古巴海域，一场全球性的核战争一触即发，在危急时刻，当时苏联的领导人做出了让步，美国也接受了建议，才使得这场世界大战没有打起来。但是事后，苏联被美国强大的海军舰队所震惊，于是在苏联领导人赫鲁晓夫下台后，苏联开始大力发展海上军事力量，决定建造自己的航空母舰舰队，1962 年苏联开始了新巡洋舰的设计工作。

1967 年，新巡洋舰的设计吨位为 8000 吨，但新上任的勃列日涅夫认为大一点总没坏处，于是吨位一路走高，先到了 2 万吨，最后定

"基洛夫"号巡洋舰

为 2.4 万吨，这在当时除了航空母舰和战列舰外，是名副其实的大家伙，当时最大的巡洋舰是美国于 1961 年建造的核动力巡洋舰——"长滩"号，满载排水量为 17525 吨，苏联为了超越这艘海上巨舰，将新巡洋舰的满载排水量升到惊人的 28000 吨，并且战舰十分巨大，长 252 米，宽 28.5 米，航速 30 节，1977 年下水时引起了世界的震动，这艘巡洋舰即为"基洛夫"级巡洋舰系列的第一艘"基洛夫"号巡洋舰。

"基洛夫"号巡洋舰作为该系列的头号战舰，可谓是集结了苏联当时最先进的技术。该舰整体造型丰满，头部突出，尾部以正方收尾，甲板上配有直升机机库，设有飞行甲板，舰上规划整齐，整体给人以棱角分明的感觉，更像是一把利剑。这艘巡洋舰上搭载了几乎所有海上作战武器系统，并且集结了大量最先进的现代化武器设备，其中以导弹垂直发射装置最为引人注目，这是苏联首次在战舰上使用该发射装置，可见苏联对这艘巡洋舰的重视。"基洛夫"号巡洋舰可以展开多种作战形式，既能对空作战，也能反潜、对舰作战，成为苏联当时海上军事的中坚力量。

苏联以前建造的巡洋舰有一个特点，就是甲板上密密麻麻穿插了多种天线、装备，让人有一种走入菜市场的感觉，而且隐蔽性不是很好。在"基洛夫"号巡洋舰上，战舰的隐身性能得到了很好的重视，甲板上没有了各种杂物，杂乱的电子天线也被集成到战舰的中后部——主桅杆上。"基洛夫"号的水下噪声也得到了很好的控制，对于这种先进的水下控噪技术，美国人是既敬佩又恐慌，当时一些美国的舰队成员开玩笑说："如果你看到海面上出现船浪，但雷达屏幕上却什么都看不到，那恭喜你，你找到了'基洛夫'。"

"基洛夫"号的动力装置也十分先进，足以使得它快速驰骋于海上。"基洛夫"号巡洋舰采用了蒸汽轮机混合式动力系统，核动力装置与蒸汽动力装置协同运转，若是核动力装置无法正常工作时，蒸汽动力装置就派上了用场, 平时还是以核动力为主要推进动力, 所以"基洛夫"号巡洋舰的动力十分强劲, 机动性十分强。

"基洛夫"号巡洋舰本是顺应时代而生的, 作为美国巡洋舰强大的对手, "基洛夫"号的出现着实令美国头疼了一番, 因为"基洛夫"号似乎是有备而来, 它搭载的新型反舰导弹可谓是为美国航母量身打造的。美国海军曾模拟了一个攻击场景, 结果让人不寒而栗: 若是由两艘"基洛夫"级巡洋舰配合 5 艘 949 型核潜艇同时攻击一个航母编队, 那么在短短的时间内这个航母编队要承受 140 枚重型导弹的攻击, 加上新型舰载导弹每小时 2800 千米的惊人时速, 留给美国人的防御时间少得可怜。

更令美国人苦恼的是, "基洛夫"级巡洋舰除了拥有令人恐怖的反舰武器之外, 其防空力量也十分强悍, "基洛夫"级巡洋舰上装有远中近多层次防空系统, 要想找到漏洞攻击可不是件容易的事。

后来随着苏联的解体, "基洛夫"级巡洋舰也分别以新的名字来命名, "基洛夫"号巡洋舰更名为"乌沙科夫海军上将"号巡洋舰, "加里宁"号巡洋舰更名为"纳希莫夫海军上将"号巡洋舰, "伏龙芝"号巡洋舰更名为"拉扎列夫海军上将"号巡洋舰, "安德罗波夫"号巡洋舰更名为"彼得大帝"号巡洋舰, 这些巡洋舰中除了"基洛夫"号已经退役外, 剩下的三艘巡洋舰或是在改装中, 或是正在服役, 是俄罗斯海上军事力量的重要组成部分。

大洋杀手: "光荣"级导弹巡洋舰

除了著名的"基洛夫"级巡洋舰外, 在俄罗斯巡洋舰中最为人们所熟知的便是"光荣"级巡洋舰了, 在现今大型的中俄联合军演以及形式动荡的海域中常常能发现它们的身影。可以说, 建造于 20 世纪

70年代的"光荣"级巡洋舰仍然是现今俄罗斯海军战舰的主力战舰，在俄罗斯海军中占有重要的地位，就像它本身的名字"光荣"一样，历经历史的兴衰，仍然绽放于21世纪。

"基洛夫"级巡洋舰已经对当时的美军造成了威胁，同时也是世界上最为先进的巡洋舰之一，"光荣"级巡洋舰舰身尺寸要比同时期的"基洛夫"级巡洋舰小，为什么有了"基洛夫"级巡洋舰后还要建造"光荣"级巡洋舰呢？这要从苏美冷战开始说起，第二次世界大战后本来可以迎来一段较为和平的发展时期，但是当时世界上的两大强国因为种种利益，发展中心跑偏，展开了军事竞赛，苏联方面着力发展潜艇，忽视了水面舰艇的发展，而美国则十分重视水面战舰的研究和建造。

这两种侧重不同的发展模式终于在20世纪60年代的古巴导弹危机中见了分晓，苏联在与美国的博弈中失利，这使得苏联认识到了发展水面舰艇的重要性。于是从70年代开始，苏联着力发展大型巡洋舰，"基洛夫"级巡洋舰就是在这样的背景下登上了历史的舞台。"基洛夫"级巡洋舰虽然威力强大，从军事力量上来讲没什么缺点了，但是这种战舰建造费用高，生产周期长，维护的费用也大大超出了苏联的想象，所以苏联想能不能建造这样一种巡洋舰，它的体积上虽有缩小，但是战力依然强大，于是"光荣"级巡洋舰便被建造出来，并且成为苏联解体前最后一级导弹巡洋舰。

"光荣"级巡洋舰共建有三艘，首舰为"光荣"号，剩下两舰分别命名为"乌斯季诺夫元帅"号和"红色乌克兰"号。后来除了"乌斯季诺夫元帅"号巡洋舰保持原名，"光荣"号巡洋舰改为"莫斯科"号，"红色乌克兰"号被改为"瓦良格"号。"光荣"号巡洋舰舰长187米，宽20米，吃水7.6米，最大航速为34节，满载排水量接近12 000吨，于1976年开始建造，1982年12月开始服役。

"光荣"号整舰的上层建筑设计不像"基洛夫"级巡洋舰那样集

"光荣"级导弹巡洋舰

中在船的中后方，而是采用不连接的"三岛式"设计，分为前、中、尾三部分，分别装有不同的设备，同时均衡的分布也使得战舰稳定性要好于其他巡洋舰，成为了区别于其他巡洋舰的主要标志。

"光荣"级巡洋舰从外形上来看，不仅仅是"基洛夫"级巡洋舰的缩小版，它有自身的特点。它的舰首虽然仍然为外飘式设计，继承了"基洛夫"级巡洋舰的风采，但是再也没有宽阔的甲板，因为这些甲板上已经密密麻麻布满了各种设备，其中最引人注目的是分别位于舰身两侧的8个导弹发射筒，这可是这艘战舰上的主要武器——超远程反舰导弹，对航母威胁巨大，被称为"航母杀手"。

除了装备反舰导弹外，"光荣"级巡洋舰还装有先进的鱼雷，这种鱼雷不同于以往的声自导鱼雷，它能根据前方战舰留下的尾流来判断该战舰的位置。尾部水流是战舰在航行时必定会留下的痕迹，所以较之前的声自导鱼雷，这种新型的鱼雷命中率更高，被称为尾流自导型鱼雷。除了常规的鱼雷外，"光荣"级巡洋舰还搭载了自航式核鱼雷，这种鱼雷威力巨大，能够对航母等大型水面作战舰艇构成重大威胁。

同"基洛夫"级巡洋舰一样，"光荣"级巡洋舰不仅有着强大的攻击作战能力，其防空能力也十分出色。舰上装有远、中、近防空导弹发射装置，远程防空导弹射程超过 100 千米，具备一定反弹道导弹的能力，我国的巡洋舰中也装有这样的防空导弹。除了防空导弹，舰上还装有几款雷达干扰系统，能够在一定程度上迷惑对方，对保护自身起到很好的作用。

　　"光荣"级巡洋舰在反潜方面也很优秀，舰上搭载了反潜火箭发射器，鱼雷发射器也能发射反潜导弹。为了提供侦查、作战任务，该系列战舰还配备了反潜直升机，作战半径达 250 千米，增强了"光荣"级巡洋舰的作战能力和防卫能力。

　　"光荣"级巡洋舰本来计划要建造 7 艘，可是随着苏联的解体，这一计划也被搁浅。目前"光荣"级巡洋舰共留有 4 艘，其中上面提到的 3 艘均服役于俄罗斯海军，剩下的一艘"乌克兰"号，在完成了约 70% 的建造工作后，被划归给了乌克兰海军。乌克兰曾有心继续完成"乌克兰"号的建造，但是由于经费和技术有限，在完成 90% 的工作后被迫停工。

　　在乌克兰向我国出售"瓦良格"号航母时，乌克兰政府想一并将这艘战舰出售给我国，但是被我国拒绝了，因为这艘建造于 1986 年的战舰，设备已经非常陈旧，电子设备已然落后，舰体设计完全没有考虑隐身性，而这在现代化装备集成较高的今天显得尤为重要。虽然战舰上的反舰导弹有着很高的价值，但是这些导弹为俄罗斯生产，若想在购买战舰后再购买俄罗斯的导弹，这显然是不可能的。

一鸣惊人："弗吉尼亚"级核动力巡洋舰

　　在苏联追赶美国巡洋舰发展步伐的同时，美国当然也没有闲着。

20世纪70年代，美国成功研制了新一代海上巨无霸——"尼米兹"号核动力航母，至今也是世界上排水量最大、载机最多、现代化程度最高的一级航空母舰。但是随之而来的一个问题就是，谁为这个大家伙护航呢？当时美国仅有3艘核动力巡洋舰，分别为"长滩"号、"班布里奇"号和"特鲁克顿"号，它们不能够为"尼米兹"号核动力航母提供强大的护航能力，所以美国加快了巡洋舰的研发工作。

美国海军提出了"弗吉尼亚"级核动力巡洋舰的发展计划，共建有该系列战舰4艘，分别为"弗吉尼亚"号、"德克萨斯"号、"密西西比"号和"阿肯色"号。其中"弗吉尼亚"号为该系列的第一艘战舰，1972年开工，1974年下水，1976年9月正式服役。"德克萨斯"号于1977年9月服役。这两艘巡洋舰都被部署在美军大西洋舰队。后两艘战舰分别于1978年8月和1980年10月开始在美国太平洋舰队服役。该系列巡洋舰是美军海军第四级，也是迄今为止最后一级核动力导弹巡洋舰，被视为美国海军核动力导弹巡洋舰的"绝唱"。

首舰长178.3米，宽19.2米，吃水9.6米，满载排水量11 300吨，最大航速达30节，由双桨双舵核动力齿轮传动蒸汽轮机推动。"弗吉尼亚"级巡洋舰从外形上看与苏联建造的"基洛夫"级巡洋舰有很多不同的地方。

首先，不同于"基洛夫"级巡洋舰的圆润，"弗吉尼亚"级巡洋舰舰体修长，仿若一把锋利的剑刃，而"基洛夫"级巡洋舰更像是一把刀。其舰首也不同于"基洛夫"级巡洋舰外飘式的设计，显得锋利狭长。舰尾部同样以方形收尾，首尾都设有直升机飞行甲板。"弗吉尼亚"级巡洋舰的上层建筑，既不同于"基洛夫"级巡洋舰一样设置在后方，也不同于"光荣"级巡洋舰一样分为互不连接的"三岛式"设计，它的上层建筑主要由两部分构成，中间以甲板室连接，设置在舰身的中央，前后两座桅杆整齐地排列在桥楼甲板上。其外观简洁优美且轻快有力，给人以俊朗的感觉。

　　"弗吉尼亚"级巡洋舰十分讲究人性化设计，在同类型中的巡洋舰中，其居住条件十分舒适，船员可以在海上长期生活，往往能享受到度假般的乐趣。同时"弗吉尼亚"级巡洋舰在建造之初就考虑到了日后改装的需要，因此留下了不少改装余地。自 20 世纪 80 年代建成以来，先后经过了几次改装，防空、反潜能力得到了很大提高，同时它还具备了陆上打击能力，在这一点上该系列巡洋舰较同时期苏联建造的巡洋舰要高明一些。

"弗吉尼亚"级巡洋舰

　　"弗吉尼亚"级巡洋舰在第二座桅杆前端装有近程防空系统。"鱼叉"导弹是美军于 20 世纪 80 年代初期在该级舰舰桥前方加装的一种中程标准反舰武器。"战斧"巡航导弹是该战舰的远程防空装置，分为对地攻击型"战斧"和反舰型"战斧"，其中对地型又分为核装药型和常规弹头型，核装药型射程为 2500 千米，命中误差为 80 米；常规弹头型射程为 1300 千米，命中误差仅为 10 米；"战斧"导弹反舰型的射程为 450 千米。"战斧"导弹的布置，使该级舰的战斗力进一步增强，实现了对海陆空的多方位打击。

在反潜性能方面，"弗吉尼亚"级巡洋舰同苏联建造的巡洋舰还是有很大的不同，美国的巡洋舰向来不以反潜作战为主，该系列战舰也不例外。"弗吉尼亚"级巡洋舰上配备了"阿斯洛克"反潜导弹，而这也成为这艘战舰的主要反潜装备。该战舰配备了 2 架直升机，并在船首尾分别配有直升机甲板，船尾甲板下还设有机库。此外，该舰还装备有 2 座反潜鱼雷发射管，但是这些鱼雷的威力并没有"基洛夫"级巡洋舰和"光荣"级巡洋舰的强大，只是用来适当自卫，不是主要的反潜武器。

"弗吉尼亚"级巡洋舰的作战指挥系统十分先进，位于舰桥下方，里面由 7 台 UYK-7 型计算机、19 个操作显控台和 2 个大型水平显控台组成，它使用公用计算机进行各种数据处理。所有计算机控制均在这里进行，这样有利于提高信息交换率，完善武器协调，缩短反应时间。

另外，"弗吉尼亚"级的声呐和反潜火控系统都十分先进，舰上装有对空警戒雷达、对海搜索雷达、火控雷达、舰壳声呐等，舰用火控系统包括导弹火控系统、火炮火控系统和反潜导弹火控系统。舰上的损管中心能集中监控舰上所有的破损，所有的消防总管路都由该中心控制，损管中心的进水警报系统能监视舰上 28 个部位的进水，警报系统还能监测弹药库温度以及舰上安全等，损管能力更加出色。总体来说，"弗吉尼亚"级巡洋舰的自动化程度更高。

美国海军原本打算建造多艘"弗吉尼亚"级巡洋舰，与原有的"加利福尼亚"级等核动力导弹巡洋舰一起平均分配给四艘核动力航空母舰，确保每艘航空母舰有四艘核动力巡洋舰护航，但是当"弗吉尼亚"级巡洋舰建造到第五艘时，因建造成本、核动力系统成本实在太过高昂，于是不得不取消了第五艘的订单。

宙斯之盾："提康德罗加"级导弹巡洋舰

说到美国的巡洋舰不能不提"提康德罗加"级导弹巡洋舰，它是美国现今非核动力的主力巡洋舰，被称为"当代最先进的巡洋舰"，说它先进，不仅仅是因为在这艘战舰上搭载了最先进的硬件设备，而是源于一个著名的防空系统——"宙斯盾"防空系统。

"提康德罗加"级巡洋舰属于轻型巡洋舰，是美国建造的一级导弹巡洋舰，别看它不及核动力巡洋舰听起来威武，但是舰上搭载了各种先进的导弹、火炮、鱼雷等武器，具有强大的反潜能力，舰上还装备了现今世界上最为先进的多功能相控阵雷达系统，即"宙斯盾"系统，所以"提康德罗加"巡洋舰又被称为"宙斯盾巡洋舰"。

"宙斯盾"是古希腊神话中宙斯持有的一面能够化险为夷、对付怪兽的宝镜。"宙斯盾"作战系统希望可以像宙斯手中的宝镜能够对付各种怪兽一样，对付各种敌舰来袭，以示该系统的强大。"宙斯盾"系统是一个反应速度快，抗干扰性能强，有强大的攻击和反击能力的综合武器系统。能够同时跟踪、处理近百个目标，拦截来自空中、水面和水下的多个目标，在这一过程中，"宙斯盾"系统能够对来袭的目标进行自动分析、评估，优先击毁威胁性最大的目标，十分智能化。

"宙斯盾"作战系统还有一段颇为曲折的来历。时间回到第二次世界大战末期，那时航空母舰是海上作战的最主要力量之一，怎样保护航空母舰，让它发挥出最大的威力，成了那时海军十分重要的任务。起初，美国舰队从日本神风特工队上吸取经验，以舰载机与舰炮组成的舰队护卫航空母舰，但是随着德国反舰导弹的运用，传统的防空力量已经不能保证航空母舰的安全，当时的防空导弹一次能够对付的空中目标有限，根本架不住连环导弹的袭击。因此新型防空作战系统的研发迫在眉睫。

20世纪50年代，美国开始在舰上部署防空导弹系统。20世纪60年代开始了对堤丰防空系统的研发，堤丰防空系统采用了电子扫描雷达天线技术，希望能实现同时打击多个目标的目的。但是由于研发过程十分缓慢，效果也不是很好，后来由于经费问题以及技术风险太高，这一计划被取消了。

1963年11月美国提出了"先进的水面导弹系统"——ASMS，ASMS研发的目标就是反应时间快，能同时对付多个目标。原本ASMS计划从研制新一代新导弹和发射系统下手，可是到1969年，当时的美国国防部长变更了这一计划，选用了当时正处于研制阶段的"标准"导弹和MK26型发射系统。1996年12月美国无线电公司（RCA）接受了这项研发工程，并将ASMS正式命名为"宙斯盾"系统。

"宙斯盾"系统研发成功后应该装在哪些战舰上呢？起初，美国海军想在"弗吉尼亚"级核动力导弹巡洋舰上装载"宙斯盾"作战系统，可是该级系列战舰数量仅有几艘，后来还因成本太高而停止建造了，所以没有来得及装备。美国海军又建议将"宙斯盾"系统装到"长滩"级核动力导弹巡洋舰上，可是这一计划也没有实现。

受到两次打击后，美国海军对装载"宙斯盾"作战系统的决心依然没有改变，于是又提出把"宙斯盾"系统装备在类似于全燃气轮机推进的DD963级驱逐舰上，这一计划终于得到了国会的批准。

1975年6月美国海军开始对"宙斯盾"驱逐舰进行设计，一年后完成初步设计。1978年美国政府拨款9.38亿美元建造首舰。同年9月，利顿公司的英格尔斯船厂获得了建造装备"宙斯盾"系统的第一艘军舰DDG47导弹驱逐舰的合同，1980年1月开始建造。1979年末，美海军从DDCA7舰的大小、重要性和战斗力考虑，改称为"宙斯盾"系统的导弹巡洋舰，舰号相应改为CG47，首舰命名为"提康德罗加"号，成为第一艘搭载该系统的巡洋舰。至1994年7月，共完工27艘并全部服役。其中13艘服役于大西洋舰队，14艘服役于太平洋舰队。

1983年1月22日，首舰"提康德罗加"号开始服役，9个月后在黎巴嫩外海的作战行动中，一鸣惊人，狠狠打击了作战目标。通常新系统的加入需要长时间的磨合，但"提康德罗加"号一经加入战斗

"提康德罗加"号导弹巡洋舰

就显示出了巨大的优越性，"宙斯盾"系统的强大给世界各国留下了深刻的印象。而在此之前，英国皇家海军在马岛战争中几艘大型舰船被阿根廷的"飞鱼"导弹击中，损失惨重。作为同样反导能力弱的美国来说，"宙斯盾"作战系统的出现仿佛是一剂强心剂，增强了美国人的信心。

"提康德罗加"级巡洋舰长 172.8 米，宽 16.8 米，吃水 9.5 米，航速 30 节以上，满载排水量 9500 吨，主要任务是为航母编队保驾护航，即担任航母战斗群的防空作战和反潜护卫任务，同时也可用来攻击海上和岸上目标，支援两栖作战。

"提康德罗加"级巡洋舰继承了其他巡洋舰的优点，攻防能力都很强悍，该级舰安装了 2 座先进的导弹垂直发射系统。舰尾有 2 座四联装"鱼叉"反舰导弹发射装置。该级舰还装有新型的 127 毫米炮、2 座"密集阵"六管 20 毫米速射炮，每分钟可发射 3000 发炮弹。其反潜力量也不容小觑，装有"阿斯洛克"导弹、2 座鱼雷发射管以及 2 架反潜直升机。

"提康德罗加"级巡洋舰在海湾战争中发挥了重要作用，在当时的各个舰艇编队中都可以发现该战舰的身影，参战的"提康德罗加"级巡洋舰总数达 10 艘以上。其中 2 艘还被当作多国部队波斯湾编队和红海编队的防空指挥舰，该级战舰上装备的对陆巡航导弹，在沿岸目标的打击中发挥了重要的作用。

海上强盗："吉野"号巡洋舰

提到甲午中日战争，那场惊心动魄的海战深深烙印在每个中国人的心中，一艘战舰和一位英雄永远刻在了中国近代史的长河中。1894 年 9 月 17 日下午 3 时许，"致远"舰管带邓世昌指挥着战舰狠狠向日军战舰"吉野"号撞去，但是不幸被其他的日本战舰偷袭沉入大海。

"致远"舰与"吉野"舰的关系颇有"本是同根生，相煎何太急"的宿命味道。这两艘战舰均为英国建造，"致远"舰由英国当时最为著名的舰船设计师威廉·怀特建造，而"吉野"战舰是由威廉·怀特的继任者飞利浦·瓦茨完成。

"吉野"号战舰由英国阿姆斯特朗船厂建造，当时的英国人很早就将目光放在了东方，深知当时中日两国都十分需要这样一艘海上巡洋舰。相比日本，中国当时毕竟地大物博，英国人首先将"吉野"号推荐给了清朝政府，以李鸿章为首的北洋海军大臣上奏朝廷，希望买下这艘战舰，以增强海上军事力量，但是几经波折还是没有成功，据说当时慈禧太后将用来买军舰的银子拿去修颐和园了，于是买军舰一事也不了了之。日本一直想侵占朝鲜，进而侵略中国，但是发展起来的北洋水师的军事力量也不容小觑，恰好这时英国出售先进的战舰，于是日本人就将"吉野"号买了下来。

"吉野"号战舰满载排水量为4000多吨，垂直线长为109.73米，最大宽度约为14米，吃水5.18米。船上铺有厚厚的甲板，以蒸汽动力驱动，双轴推进，可载煤1000吨，最快航速能达到23节，若是按平均10节航速来算，能够续航4000海里，是当时世界上舰速最快的巡洋舰。舰上配备了当时先进的武器装备，装有多种规格口径的速射炮，还装有鱼雷发射管，火力可谓是十分强大。

"吉野"号在防御方面也十分出色，穹甲甲板成为了这艘战舰的主要防护构成，舰上的发动机舱、指挥机舱、弹药库等多处重要舱室，都覆盖了厚厚的穹甲甲板，一定程度上能够保护战舰上的重要部位。"吉野"号战舰上的甲板均由零散钢板拼接而成，并没有配备整块钢板，因为当时欧洲的钢材价格一路飙升，战舰制造成本增加，若再采用整

"吉野"号巡洋舰

块钢板，成本会大大增加，相对于其他一些整块钢板建造的战舰来说，"吉野"号的防御自然会差一些，但是当时的建造工厂仍然声称，即使是120磅的榴弹打到甲板上，甲板也会安然无恙。虽然当时的这些宣传已经无从考证，但是在"吉野"号随后服役的12年中，还真没有发现甲板断裂的记录。

　　1894年7月25日，由"吉野"号、"秋津洲""浪速"组成的日本海军联合舰队第一游击队开始在朝鲜丰岛附近海域活动，恰巧当时以"济远""广乙"为首的几艘中国战舰也在此海域。上午7时，日本战舰率先向中国战舰开火，中国战舰奋力抵抗，期间"吉野"号战舰被命中三弹，一弹打中了战舰的信号绳索，一弹击中船舷，并穿透穹甲甲板进入轮机舱，但是没有爆炸。最后一弹在战舰飞桥附近爆炸。这次中日对战打击了日军的嚣张气焰，但是也由此拉开了甲午战争的序幕。

　　1894年9月17日，以"吉野"号为首的多支战舰集合于黄海海域，发现了北洋水师舰队，日军向中国舰队开火。战斗过程中，"超勇""扬威"两艘战舰分别中弹，退出战斗，"超勇"号不久沉没。时任"致远"舰的管带邓世昌指挥战舰奋勇作战，前后火炮一齐开火，连连击中日舰。疯狂的日军向"致远"舰猛烈开火，不久"致远"舰便多处受伤，全舰燃起大火，邓世昌鼓励全舰官兵道："吾辈从军卫国，早置生死于度外，今日之事，有死而已！倭舰专恃吉野，苟沉此舰，足以夺其气而成事。"说完毅然驾驶战舰全速撞向日本战舰"吉野"号，决意与敌人同归于尽。日军见状大惊失色，连忙集中火力向"致远"舰射击，不幸的是，"致远"舰本来就岌岌可危，有沉没的危险，敌人的炮火太过猛烈，"致远"舰没来得及接近"吉野"号就沉没了，邓世昌坠落海中后，其随从想要将他救起，但是邓世昌断然拒绝了，他说道："我立志杀敌报国，今死于海，义也，何求生为！"他身旁的爱犬见主人落水急忙游到他的身边，衔着他的手臂不放，但是邓世昌决定誓死与军舰共存亡，于是与爱犬一起葬身在汹涌的波涛中。

　　甲午海战后，"吉野"号又参加了1900年的八国联军侵华战争。1904年5月10日，日俄为争夺旅顺口大打出手，这一天也被日本称为"帝国海军灾祸日"，因为在这一天，"吉野"号等几艘战舰纷纷沉入了大海。当时海上大雾弥漫，日军的几艘主力战舰先是驶入了俄军布置的雷区，爆炸沉没。"吉野"号想尽快地撤离到安全的区域，不料被正在高速航行的"春日"号巡洋舰拦腰撞中右舷中央，随着一声巨响，"吉野"号右舷出现一个10来米的大口子，翻滚的海水顿时涌进了船舱，舰体严重倾斜，很快就沉入了海底。舰上的413名官兵只有9人被救起，剩下的和"吉野"号一起沉没在了黄海海域。

Part 8

海战中多面手驱逐舰

　　在军舰中有一类具有较强突击能力，同时担任多种任务的战舰——驱逐舰，它被称为"海上多面手"，因为它可以执行防空、反潜、反舰、护航、侦查、警戒、布雷、对地攻击、火力支援等多种任务。它是现在海军舰艇中数量最多、用途最广的舰艇。

海上多面手——驱逐舰

驱逐舰是一种多用途的军舰，在很多大型海战中扮演着重要的角色，是19世纪90年代至今海军重要的舰种之一，也是现今用途最广、数量最多的舰艇。驱逐舰装备有防空、对潜、对海等多种武器，既能担任进攻性的突击任务，又能担任防空、反潜护卫任务，还可对地攻击，以及担任巡逻、警戒、侦察、海上封锁和海上救援等任务，有"海上多面手"的称号。

19世纪70年代，一种颇具杀伤力的鱼雷艇被研制出来，对大型战舰造成了严重威胁。这种鱼雷艇主要以发射鱼雷为主，船身小巧，速度非常快，往往偷袭得手后就逃之夭夭，许多大型战舰拿它丝毫没有办法。对此，英国人坐不住了，因为他们拥有不少舰艇，倘若这些舰艇被一艘小小的鱼雷艇来回"戏弄"，岂不丢了大英帝国的面子，而且大型舰艇的制造成本较高，本来维护就要花很大一笔费用，当然不能让这小小的鱼雷艇得逞。

在1893年，英国专门建造了一艘舰艇来对付鱼雷艇。想要抓住并击毁鱼雷艇，首先火力要猛，于是英国人"以其人之道还治其人之身"，在战舰上装备了鱼雷和火炮，对鱼雷艇火力进行了很好的压制。其次，仅有武器还不行，倘若速度跟不上，追击的过程中让鱼雷艇跑了，就得不偿失了，于是英国人又在舰艇上装备了先进的动力装置，这样鱼雷艇就成了这艘新建舰艇的囊中之物，这艘舰艇就是大名鼎鼎的"哈沃克"号。事实上，当"哈沃克"号出现在海面上时，大多数的鱼雷艇都遭了殃，碰到"哈沃克"号，能逃则逃。因为，在与"哈沃克"号的多次交战中，鱼雷艇大多以失败而告终。后来人们称"哈沃克"号为"鱼雷艇驱逐舰"，这便是驱逐舰的先祖。

英国"哈沃克"号驱逐舰的建造，让世界各国认识到这种小型舰艇的重要性，于是世界各国纷纷开始研究设计驱逐舰，德国研发了类似的驱逐舰，但是德国人对于自己研发的东西比较有归属感，于是取名为"大型鱼雷艇"，以区分英国的驱逐舰。

鱼雷艇自从碰到强大的对手后也加紧了自己的制造升级，速度更快、火力更加强大的鱼雷艇问世了，驱逐舰家族作为鱼雷艇的克星肩负着与鱼雷艇势力做斗争的光荣使命，也加紧了研发的步伐，在驱逐舰上开始安装较重型的火炮和更大口径的鱼雷发射管，并采用蒸汽轮机作为动力，舰身也逐渐增大。

到了 20 世纪初，英国研发了"江河"级驱逐舰，并使之成为了主力舰的驱护舰。后来英国人开始使用燃油作为燃料，使驱逐舰的航速大大提高。这些驱逐舰就像一个个士兵，在主舰的指挥下变换队形，冲锋陷阵。每当与敌人交战时，驱逐舰都会先对敌方舰艇进行水雷攻击，以削弱敌方的兵力，大有一颗手榴弹扔到敌方前的味道。

多面手驱逐舰终于在第一次世界大战中大显身手，取代鱼雷艇成

现代驱逐舰

为了海上鱼雷攻击的主力，舰上带有威力强大的鱼雷和水雷，同时兼具警戒、护航、布雷等多种任务，一部分驱逐舰还装备上了扫雷工具，甚至支援两栖登陆作战，在战中很好地护卫了主力舰。

"一战"过后，《限制海军军备条约》签订后，对各国建造大型舰艇进行了限制，大家看发展大型舰艇是没戏了，于是纷纷将目光转向巡洋舰、驱逐舰这类海上舰艇。驱逐舰因此得到了很好的发展，其吨位越来越大，尺寸不断增加，各种新式的强大武器也被装到驱逐舰上。以英、美、日三国的驱逐舰为代表，迎来了一个驱逐舰快速发展的时代。

巡洋舰、驱逐舰的疯狂发展可不是一件好事，1930年，《限制海军军备条约》的缔约国又凑到一起在伦敦开了个会，签订了《限制和削减海军军备条约》，对巡洋舰、驱逐舰的吨位、分级与数量、主炮口径等做了多种限制，但是由于当时国际形势已经十分严峻，到1936年条约自动解除后，各国又纷纷埋头在大型驱逐舰的研发中。

在第二次世界大战中，没有任何一种海军战斗舰艇的用途比驱逐舰更加广泛。当时战列舰的主力地位已经被航空母舰与潜艇替代。驱逐舰装备了大量中小口径高射炮担当航空母舰的护卫任务，加强防空火力的驱逐舰出现了。

第二次世界大战结束后，导弹时代来临。驱逐舰上开始装备防空专用导弹和火炮，防空、反舰、反潜作战成为驱逐舰的主要任务，后来随着电子科技的迅猛发展及燃气轮机技术的发明，驱逐舰上装备了先进的导弹和动力装置。对空导弹、反潜导弹也逐步被安装到驱逐舰上，其指挥自动化系统逐渐完善，驱逐舰上装上了小口径速射炮来防御反舰导弹。发展至今，驱逐舰已经由小型舰艇发展成了一种多用途的大中型军舰。

现代驱逐舰主要有导弹驱逐舰和反潜驱逐舰两种类型。其中导弹驱逐舰在担任护卫任务时主要以进攻为主，所以配备了较强的火力，吨位也要大一些。主要作战武器有导弹、鱼雷、舰炮、反潜深水炸弹等。美国的"伯克"级驱逐舰、欧洲的"地平线"级以及我国的"052D"型驱逐舰都配备了先进的"垂直发射系统"，有着强大的防空能力和综合作战性能。

反潜驱逐舰主要以执行反潜任务为主，吨位一般小于导弹驱逐舰，舰上装备了大量先进的声呐反潜设备，以及一些反舰武器，防空能力相对导弹驱逐舰较弱，但是侦查能力较强，所以不适合激烈的制空权争夺战。美国的"斯普鲁恩斯"级、日本的"旗风"级，以及我国的"052B"型驱逐舰都是反潜驱逐舰中的佼佼者。

防空干将："现代"级驱逐舰

20世纪70—80年代是苏联与美国争夺世界霸主地位最为激烈的时期。两国展开了军备竞赛，大量先进的海上舰艇被研制出来，其中"现代"级导弹驱逐舰就是当时竞争中的产物，直到今天"现代"级驱逐舰仍然是俄罗斯海军水面舰队的中坚力量。

"现代"级导弹驱逐舰的主要任务是为主力战舰编队护航，执行防空、对舰、对地攻击等多种任务，同时保卫海上交通线，在两栖作战中提供火力支援，与"无畏"级反潜驱逐舰相互补充，共同组成水面舰艇编队。

第二次世界大战后，苏联和美国两个军事大国开始崛起，所谓"一山不能容二虎"，当时的世界大国还没有"多元化"共同发展的理念，于是两国开启了冷战模式，大搞军事竞赛。20世纪50年代初，苏联建造了100多艘驱逐舰，然而这些驱逐舰没有什么新的变化，仍然以火炮和鱼雷为主，所以苏联的驱逐舰也被称为"火炮型驱逐舰"，苏联是想通过数量来压倒美国。

到1957年，情况发生了转变，苏联停止了装备76毫米口径以上火炮的驱逐舰建造计划。当时的苏共中央总书记赫鲁晓夫认为，导弹驱逐舰才是未来的发展趋势，因此没必要再在火炮型驱逐舰上砸钱。

他的想法虽好，但这一时期弹道驱逐舰也没得到很好的发展，直到1967年才迎来了希望的曙光。当时新上任的苏联领导人勃列日涅夫雄心勃勃，想与美国争夺世界海洋霸权，开始制造一系列海上战舰，"基辅"级航空母舰出现了，配套的"光荣"级和"基洛夫"级导弹巡洋舰也被建造出来。为了增强护航能力，苏联开始建造以导弹为主要武器的驱逐舰，"现代"级驱逐舰的建造计划被提上了日程。

这年年末，苏联海军向"北方"设计局提出了设计新战舰的要求，准备打造一艘装载导弹与火炮，能够为主力战舰、运输船提供护航任务，排水量在5000吨左右的新型驱逐舰。1971年，新舰完成了初步设计，但是苏联海军考虑到，在这样一艘排水量的驱逐舰上同时实现防空和反潜两大任务几乎是不可能的，于是决定将驱逐舰分为导弹驱逐舰和反潜驱逐舰来建造。其中以防空为主的战舰被命名为"现代"级驱逐舰。

"现代"级驱逐舰主要定位于防空任务，为航母编队护航，为两栖作战提供火力支援，保护海上交通线。

"现代"级驱逐舰方案的设计也几经波折，苏联海军起初想给新战舰配备燃气轮机，但是因为燃气轮机产量不足，同时柴油供应紧张，所以只能沿用蒸汽轮机。而美国人很懂得享受生活，在他们的战舰上，舒适的居住条件一直是苏联船员所向往的。在新战舰的设计时，苏联人终于考虑到了这个问题，因此新战舰在居住性方面也有了很大改善。

1975年，在新战舰设计方案快要完工时，苏联海军又为选择舰炮发了愁，当时美国已经研发了新一代203毫米舰炮，苏联看到后自然不甘落后，于是花费了大量时间和经费去研发类似的舰炮，最后没有研究出什么结果，只好将这一舰炮方案否决。

"现代"级驱逐舰

　　1976年，历经种种困难后，"现代"级驱逐舰的设计方案终于完成，新舰采用了最新研制的炮舰、反舰导弹、航空导弹，并配备了直升机，各种仪器也是当时苏联最先进的。新战舰的建造方案得到了苏联海军高层的极大支持，于是开始了漫长的建造过程。

　　"现代"级驱逐舰由位于列宁格勒的著名造船厂"日丹诺夫造船厂"建造，首舰命名为"现代"号，于1978年11月下水，1980年12月正式完工。由于建造方案上配备的装备都是当时的前沿技术，有些装备制造缓慢，所以当首舰建成后，后面的一些战舰在很长一段时间内都没有配备武器和电子系统。当时已经进入了冷战的激烈时期，绝对不能让美国看到这样空壳子的战舰，于是苏联人想了一招"瞒天过海"的方法，他们按照1：1的比例将武器模型装在了该战舰上，由于信息工作十分保密，美国人又不能过来细瞅，一时还真瞒住了美国。

苏联原打算要建造 25 艘"现代"级驱逐舰，这样繁重的工作使得日丹诺夫造船厂忙得不可开交。到了 20 世纪 80 年代，日丹诺夫造船厂不仅要建造"现代"级驱逐舰，还要建造其他的战舰，于是从 1983 年开始，第 7 艘"现代"级驱逐舰——"庄严"号的建造工作由"巴黎公社 61 号社员造船厂"接手。然而让人意想不到的是，由于该厂管理混乱，当该舰建造到 1/3 时，舰体完全被毁。之后该造船厂再也没有承担过建造"现代"级驱逐舰的工作。

25 艘"现代"级驱逐舰的建造工作还没有完成，1993 年，俄罗斯又宣布要将数量扩大到 28 艘。可是从实际情况来看，由于当时制造经费的不足，建造过程极其缓慢，截止到 2001 年，共有 18 艘"现代"级驱逐舰建成服役。

该级舰长 150 米，宽 17.3 米，排水量为 6600 吨，吃水 6.5 米，最大航速可达 32 节。该级战舰上最著名的就是"日炙"SS-N-22 反舰导弹，该导弹是针对美国的"宙斯盾"系统进行设计的，能够在"宙斯盾"系统的反应时间内到达目标舰的所在区域，所以对航母威胁非常大。我国在 20 世纪末曾向俄罗斯订购了 4 艘该级驱逐舰的改进型号，分别命名为"杭州"号、"泰州"号、"福州"号以及"宁波"号，成为我国海上护卫舰的中坚力量。

反潜精英："无畏"级驱逐舰

在大型航母编队的护航工作中，"现代"级导弹驱逐舰还有一个重要的伙伴——"无畏"级反潜驱逐舰。"现代"级导弹驱逐舰提供强大的反舰能力，而"无畏"级反潜驱逐舰则是担任重要的反潜任务，可以说两艘战舰在战场上是一对"生死搭档"，谁也离不开谁。

"无畏"级驱逐舰被俄罗斯海军称为"大型反潜舰"，所以这级战舰的主要任务就是反潜。这种大型反潜舰在其他一些国家并不多见，该级舰标准排水量为 6700 吨，较"现代"级驱逐舰大些，长 163.5 米，宽 19.3 米，吃水 7.5 米，最大航速达 29 节，采用 4 台燃气轮机，全舰编制 249 人，其中军官 29 人。首舰"无畏"号于 1980 年服役，至今共建有 12 艘。

同期建成的"现代"级驱逐舰如今只有 4 艘在役，而"无畏"级则有 7 艘在役，可以看出俄罗斯十分重视反潜能力的建设。目前，俄罗斯大量大型水面反潜舰艇退役，唯有"无畏"级驱逐舰在役数量最多，成为当代俄罗斯海军反潜的中坚力量。

自从冷战开始后，美、苏两国一直在争夺海上霸权，20 世纪 60 年代，这一情况愈演愈烈。起初苏联的水下力量还处于领先地位，但是时间不久，美国就迎头赶上并且逐渐超越苏联。至 20 世纪 60 年代末，美国已经拥有大量的攻击型核潜艇和弹道导弹核潜艇。当时苏联建造的核潜艇装有巡航导弹，多是为了打击海上目标，水下反潜能力较弱。

到了 20 世纪 70 年代，美军的反潜能力已经十分强悍，反观苏联只有一些老式的战舰在苦苦支撑，如"克里瓦克"级护卫舰、"卡宁"级驱逐舰、"卡辛"级驱逐舰、"克列斯塔"II 级巡洋舰等。这些战舰的反潜能力相比美军来说弱了许多，反潜武器也只有简单的反潜鱼雷、反潜火箭弹，好一些的战舰配备了反潜直升机，其中"克里瓦克"级护卫舰上尽管装有 SS-N-14"石英"反潜导弹和重型反潜鱼雷，但是由于战舰本身排量小，不能够装载更多的武器，所以综合来看，苏联急需大型反潜能力强的战舰。后来当美国海军的"洛杉矶"级攻击型核潜艇服役后，苏联更是十分着急，于是"无畏"级驱逐舰诞生了。

苏联考虑到建造新的大型反潜战舰非常耗费精力，于是在参考其他战舰的基础上进行设计，最终将目光锁定在了"克里瓦克"级护卫舰上。"无畏"级驱逐舰结构趋于紧凑，上层建筑为不连续"三段式"设计，舰首舷弧较为平坦，装有 SA-N-9 舰空导弹发射井，100 毫米主炮，两座四联装反潜／反舰导弹发射装置。战舰中部干舷较高，中部主要为电子设备，尾部水线面宽大，整艘战船适航性较好，也装有 SA-N-9 舰空导弹发射井，同时还有两座反潜火箭发射装置。

"无畏"级战舰的防护性较好，在重要的舱室都有密闭式的防护系统，外界空气经过滤后才能达到重要舱室，以防止外界空气污染。舰上的电子设备十分先进，既有位于舰桥之上的两部 SS-N-14 导弹的火控雷达，也有 SA-N-9 导弹的火控雷达，还装有主炮火控雷达。

燃气轮机是反潜舰艇必装备的动力装置，因为燃气轮机的机械噪声较小，动力还很强大，以利于战舰的快速机动，在反潜区域不断加速、减速，这对于反潜任务来说十分重要。现在世界上的大多数的反潜战舰都采用了燃气轮机。"无畏"级驱逐舰装备的也是燃气轮机，并且采用了和美国"斯普鲁恩斯"级驱逐舰一样的气幕降噪措施，增强了自身的隐蔽性，并提高了声呐的探测距离。

"无畏"级驱逐舰既然是反潜驱逐舰，当然配备了强大的反潜武器，其中最基本的远程反潜武器是 SS-N-14"石英"导弹，这种导弹不仅可以反潜用，还可以用于反舰。SS-N-14"石英"导弹为细长圆柱形弹体，中部有三角形弹翼，弹体尾部常规配置的操纵尾翼，可加装核弹头，射程近 30 海里，航速接近 1 马赫，即接近 1 倍音速。

"无畏"级驱逐舰的中程反潜武器是一种新型的反潜鱼雷，航速 45 节时航程为 20 千米。作战时，可以根据声呐提供的目标数据发射鱼雷。RBU6000 十二管反潜火箭弹则是"无畏"级的近程反潜武器，可以用来攻击敌潜艇并拦截来袭鱼雷。

"无畏"级驱逐舰搭载了两架舰载共轴式双旋翼直升机。这种直

"无畏"级驱逐舰

升机带有双旋翼，尾部无尾桨，"北约"称这种直升机为"蜗牛"直升机，与传统的单旋翼带尾桨的直升机相比，共轴式双旋翼直升机有很多优点。首先机身短、外形尺寸较小，所以适用性强，一些小型战舰都可以搭载；其次，由于是共轴式双旋翼设计，直升机气动力对称平衡，风向和风速对其影响不大，所以机动性较强，适合舰上起降。共轴式双旋翼直升机载弹量大，活动范围较大，拥有比较完善的搜潜、反潜设备及武器，其反潜武器包括两枚鱼雷或4枚深水炸弹或其他武器。

　　"现代"级和"无畏"级驱逐舰是冷战高峰时期，苏联设计的一对相互依存的战舰，两者设计的最初目的也截然不同，若说海上攻击能力，当然非"现代"级莫属，但若失去了反潜能力，苏联海军必定会陷入一团糟的窘况，直到今天，"无畏"级驱逐舰仍然是俄罗斯海军重要的反潜力量。

典范代表："阿利·伯克"级驱逐舰

"阿利·伯克"级驱逐舰是现今美国最先进的驱逐舰，代表了现今世界驱逐舰发展的最高水平，该舰具有极强的防空、反潜、反舰和反导能力，搭载了最先进的"宙斯盾"作战系统，具有对空、对海、对陆和反潜的全面作战能力，其中尤以防空见长，是现今美国反潜力量的主力战舰。同时"阿利·伯克"级驱逐舰也是美国海军服役时间最长的舰艇之一，自首舰"阿利·伯克"号于 1991 年 7 月正式服役以来，到今天已经走过了 20 多个年头，并且还有继续发展的趋势。

在 20 世纪 40 年代至 60 年代，美国海军出现了一位赫赫有名的人物——阿利·艾伯特·伯克上将，他在"二战"中英勇无敌的表现成为了当时人们学习的典范，这位上将十分享受作战的乐趣，常常指挥着战舰以 31 节的高速追击目标，人们送给他一个有趣的称谓"31 节伯克"，关于这一称谓的由来有个十分有趣的小故事。

1943 年 11 月，所罗门群岛战役已接近尾声，日本渐渐抵挡不住美军的进攻，开始了撤退计划，一支载有空军撤离人员的日本护航队被美军发现，当时伯克率领的第 23 驱逐舰支队正在库拉湾的哈斯海峡加油，他们接到命令去拦截这支日本护航队。

当时小威廉·弗雷德里克·哈尔西上将的作战参谋计算出，伯克率领的舰队要以 31 节的平均速度航行才能在指定的时间内到达目的地，但是熟悉伯克的人都知道，他在作战中习惯于以 30 节的速度去追击敌人，于是哈尔西上将通知伯克说："伯克，你必须以 31 节航行，越过布克岛至拉包尔之间的日军撤退航线，到达布克岛以西 30 海里处，在那里如果未发现敌人，等到 25 日的凌晨 3 时可南下加油；如果遇到敌人，你完全知道应该怎么办。"

11 月 25 日，美国的"查尔斯·奥斯本"号、"克拉克斯顿"号、"戴森"号、"康弗斯"号和"斯彭斯"号与日本驱逐舰"卷波"号、"大波"号、"天雾"号、"夕雾"号和"卯月"号相遇，开始了大战。激战几个小时后，夜幕渐渐降临，海上能见度逐渐降低，一时间，场面安静下来，谁也不愿意再去浪费弹药，双方开始静静地等待时机。

伯克却不这么认为，他觉着正是由于夜晚看不清，才能出其不意，他认为夜晚实在是"理想的鱼雷攻击好机会"，于是不久后首先发动了攻击，日本"大波"号和"卷波"号纷纷中弹。日本的战舰集体撤退，美国战舰紧追了上去。过了 15 分钟，伯克猜想日军会展开攻击，于是突然命令舰队调转航向，果不其然，刚刚离开的位置就发生了爆炸，大家对伯克的指挥暗暗称奇。接着，伯克指挥舰队继续追击，不久又一艘日本战舰被击沉，就这样一路追击，美舰未受任何损伤，而日舰却被击沉了三艘，这就是著名的圣乔治角海战。战后伯克被授予海军十字勋章。从此，"31 节伯克"的故事在美国国内广为传播。美国海军为表示对这位将军的尊敬，将美国海军史上最先进的一级驱逐舰命名为"阿利·伯克"级。

"阿利·伯克"级驱逐舰是世界上第一种装备"宙斯盾"作战系统的驱逐舰，可以说，该级战舰是因"宙斯盾"作战系统和导弹垂直发射系统而生。"宙斯盾"作战系统是当今世界上十分先进的作战系统，能够同时搜索、跟踪处理几百个目标。

"阿利·伯克"级驱逐舰的概念研究计划首先在 1976 财政年被提出，当时称作 DDX 计划，到 1979 年完成了 DDX 计划的可行性研究，并被列入美国海军 1980—1984 财政年度的造舰计划。但是这一计划在审核时遇到了困难，当时美国的国防部长布朗认为未来的导弹驱逐舰应该以对空作战为主，所以建议取消 DDX 计划，同时美国海军当时最需要的是一种对空作战能力很强的导弹驱逐舰。最终美海军决定发展以防空为主的导弹驱逐舰，并把 DDX 计划正式更名为 DDGX 计划。

"阿利·伯克"级驱逐舰从 1980 年开始进行概念设计，1981 年开始初步设计、制订总计划并着力于作战系统的设计和软硬件的发展。1982 财政年度开始作战系统的工程研究。1983 财政年度完成了初步设计。1984 年完成合同设计，1985 年开始详细设计。巴斯钢铁公司、英格尔斯船厂和托德太平洋船厂三家参加了竞争投标，最终巴斯钢铁公司竞标成功，获得首舰"阿利·伯克"号的建造，该舰 1988 年 12 月开建，1989 年 9 月下水，1991 年 7 月完工交付海军，正式服役。

"阿利·伯克"级驱逐舰排水量 9500 吨，时速超过 30 节，既能全面防护生物、化学武器，也能防御核武器的袭击。该级舰全面采用隐形设计，武器装备、电子装备高度智能化，动力方面配有 4 台 LM-2500 燃气轮机，机动性十分强悍，能够快速驰骋于海上，再加上"宙斯盾"作战系统的搜索、追踪，一般舰艇很难逃脱它的追捕。

"阿利·伯克"级驱逐舰

"阿利·伯克"级驱逐舰与其他美国的战舰有很大的不同，在外形上，美国战舰常常给人一种狭长、俊朗的感觉，该级战舰依然俊朗，但是由于采用了一种少见的宽短线型，身材仿若是法兰西帝国的皇帝拿破仑，短小而精悍。虽然这一线性没有瘦长线性漂亮，但是这种线性的设计是有着很强的科学依据的。宽短的线形使得该战舰平稳性大大增强，具有很好的抗风浪性、适航性，在恶劣的天气下也能高速航行，这样无论在什么情况下都有利于追捕目标。

舰上的上层建筑也颇为讲究，均为倾斜面，这样设计是为了大幅减弱回波信号。在机舱段的舰体外表还装有"气幕降噪"管，以此来降低辐射噪声，同样对追捕目标十分有利。

作为美国最先进的驱逐舰，"阿利·伯克"级当然装备了当今世界上最先进的武器装备。其舰首、尾各装有一组 Mk-41 导弹垂直发射系统，通过 MK-41 系统，"阿利·伯克"级可以发射 "战斧" 巡航导弹、标准舰空导弹以及"阿斯洛克"反潜导弹。舰上还有全自动炮、鱼雷发射装置。

合力之作："地平线"级驱逐舰

在现今大国都有着自己建造的海上舰艇，但是独立自主制造舰艇的国家毕竟是少数，迫于成本、技术上的限制，一些国家只能从外购买大型战舰，以跟上国际化的潮流，增强自己的海军实力。再者，各个国家有不同的技术优势，如果取其长处，集合在一起，往往能事半功倍，所以一些国家之间往往会展开合作，共同研制舰艇。"地平线"级驱逐舰就是法国、意大利两国合作的成果。

"地平线"级驱逐舰研制初期是由英、法两国发起的，后来意大利也加入进来。法国面向大西洋，背靠地中海，独特的地理位置决定了它需要新时代背景下的海上战舰保卫这片土地的和平。意大利地处欧洲南部地中海北岸，基本由岛屿组成，因此对于意大利来说，海上军事力量也是国防力量的重要体现。英国自 15 世纪以来一直是海上军事力量强国，热衷于海上舰艇的建造。因此三个有同样需求的国家走到了一起。

时间回到 1991 年，由于受技术、成本的影响，英法两国决定共同研发未来护卫舰，两年后意大利也积极加入进来，自此三个国家开始探讨"新一代护卫舰"的研发。

可以想象，大家虽然因为共同的利益需求走到了一起，但是若真想"求同存异"真是太难了，因为各国的需求不太一样，在武器装备、建造规格等方面很难达成共识，所以新一代战舰项目进展十分缓慢。经过 8 年的煎熬，英国首先坚持不住，1999 年 4 月退出了该计划，自己发展导弹驱逐舰去了。剩下两国没有因此而散，因为法、意在"地平线"项目上还是有不少共同点，于是两国的研发工作继续进行。

为此，法、意两国还组建了新公司，用来共同研发"地平线"级驱逐舰。在现今海上战舰的研发工作中，不仅要重视硬件设施的建设，软件设备更是战舰的灵魂，美国现役驱逐舰正是搭载了十分先进的"宙

"地平线"级驱逐舰

斯盾"作战系统，所以才能在众多战舰中脱颖而出，成为现在美国驱逐舰的主力战舰。法、意明显意识到了这一点，所以在投资建设"地平线"级驱逐舰时，将三分之一的预算花在了研发作战系统上。法、意两国签署了建造新战舰的相关协定，并决定分别为各自的海军建造两艘战舰，自此"地平线"级驱逐舰的建设项目正式开始。

建造成的"地平线"级驱逐舰可谓是集两家之精华，法国版"地平线"级驱逐舰满载时排水量为 6970 吨，舰长 151.6 米，宽 20.3 米，吃水 4.8 米。意大利版"地平线"级驱逐舰满载时排水量为 6700 吨，舰长也为 151.6 米，宽 17.5 米，吃水 5.1 米。动力方面都配备了燃气轮机和柴油机，共同为新战舰提供推进动力，这种混合动力大大增强了自身的续航能力和远洋作战能力，机动性也进一步增强，最高航速达 29 节。

对于一艘驱逐舰来说，防空能力的强弱是评判该舰是否优秀的重要指标。"地平线"级驱逐舰搭载了先进的"主防空导弹系统"，该系统由 EMPAR 雷达、"席尔瓦"垂直发射系统和"紫菀"导弹组成。EMPAR 雷达由意大利研发，可同时侦测 300 个目标，可以引导"紫菀"导弹对目标进行拦截。这种单面旋转式相控阵雷达成本较低，重量和体积较小，但是目标更新速率要差一些，所以当有高速目标接近时，会出现难以应付的局面。但是法、意两国战舰上都配备了这套雷达系统，可见其自身的优越性远远大于那一点不足。

为了增强对目标的搜索能力，在"地平线"级驱逐舰上还装备了 S1850M 三坐标搜索雷达，这种雷达对空探测距离为 400 千米，能够在复杂的环境中更好地对隐身的目标进行探测和跟踪。该雷达已经装备在法国、意大利、英国三国的新型战舰上，被英国列为未来航空母舰的候选三坐标搜索雷达。

当碰到敌对战舰进行攻击时，"地平线"级驱逐舰上威力强大的

MM40 "飞鱼"导弹就派上了用场。这种导弹在原先"飞鱼"导弹的基础上做了改进，将原先的火箭发动机更新为现代涡轮发动机，所以射程增加了1倍多，能够对更远的目标进行精确的打击。在射程提升的同时，导弹的重量没有增加，反而更加轻盈，提高了突防能力。同时，这种导弹拥有良好的抗干扰能力，能对目标进行精确的打击。

强大的攻击力能够进行很好的火力支援，但是反潜能力对于一艘驱逐舰来说也至关重要。俄罗斯的驱逐舰由于历史的原因只能将防空任务和反潜任务分割开来，但是美国的驱逐舰就是集防空与反潜为一体。"地平线"级驱逐舰既是法、意两国合力研发，当然不会建造一艘导弹驱逐舰，再建造一艘反潜驱逐舰，所以是将防空与反潜集中在一艘战舰上。那么"地平线"级驱逐舰的反潜能力如何呢？

在火力发面，该舰在2座三联装鱼雷发射装置上装备了新型的轻型鱼雷，这种鱼雷有效射程达11千米，攻击深度超过900米，攻击能力十分强悍。为了防止被其他鱼雷攻击，"地平线"级驱逐舰装备了鱼雷对抗系统，这种系统被称为"诱饵系统"，因为它们会发出噪声诱饵来使敌方的攻击落空，每个发射器装有12枚红外、雷达、声诱饵弹，所以有一点狡猾的味道。

该级舰还装备了法国自行研发的数据处理系统，能够同时接收、跟踪2000个由舰上雷达传来的信息，所以若想在"地平线"级驱逐舰下隐身是十分困难的。

虽然"地平线"级驱逐舰的研发过程一波三折，但是总归是成功了，为欧洲合力研发战舰做出了榜样，同时大大提高了法、意两国的海上军事力量，在维护大西洋、地中海区域的和平稳定中发挥了巨大的作用。

Part 9

海洋"巨兽"般的航空母舰

早在 20 世纪初，人类就开始研发航空母舰，到第二次世界大战爆发之前，很多国家已经研制出数量可观的航空母舰，但是对于它的战斗力没有充分的认识。在"二战"中，航母展现出来的力量让世界各国震惊，这种以舰载机为主的大型水面舰船得到了世人的认可。自此航母逐渐成为一个国家海军力量的重要象征。

海上王者——航空母舰

在众多战舰中若论谁是海上霸主，非航空母舰莫属了。在恐龙时代，不是块头越大战斗能力越强，反而是体型不算大的霸王龙成为了那时的最为凶残的暴龙之一，但是对于海上战舰来说，还真是块头大的为王，在波涛汹涌的大海上一个大块头被前呼后拥，紧紧护卫着，这些跟随的小兵不乏声名显赫的各种驱逐舰、巡洋舰，可见这个大家伙是多么重要了。

航空母舰是所有战舰中体型、吨位最大的一种，比它小很多的战舰上都堆满了威力强大的武器，所以不禁让人引发联想，这样大型的战船究竟能装多少武器。其实航空母舰一般是不装备进攻性武器的，更多的是提供了一个舰载机平台，平台上排满了具有各种作战功能的舰载机，这些战机协同周围的护卫编队一同作战，从而形成一个防空、反舰、反潜、对陆作战的战斗群，这样庞大的战力足以和核武器比肩。

最早提出"航空母舰"这一概念的是一个法国人。克雷曼·阿德是法国的一位发明家，1909年他描述了一种叫做"航空母舰"的大家伙。他认为，这种军舰上有着平整开阔的飞行甲板，上面排满了各种战机，拥有岛式上层建筑，在甲板下设有机库等。而这些设计思想，在后来都实现了。美国是现今世界上拥有航母最多的国家，共有10余艘，世界上其他国家有的仅仅拥有1艘，多的拥有2艘，人们一定为美国拥有航母数量之多感到震惊吧？但是如果知道美国是最早试验舰载机的国家，就不会对此感到奇怪了。

早在20世纪初，美国就开始在巡洋舰上研究舰载机的可能性。1910年11月14日，在美国东海岸汉普顿的一个港口静静停着一艘巡洋舰——"伯明翰"号轻型巡洋舰，乍看之下，它与别的巡洋舰没什么不同，但是当人们站在26米长的木制飞行跑道上时，不禁为铺设这样一条跑道感到惊奇，难道飞机要在这上面起飞和降落吗？但当人们的目光被一架"蔻蒂斯"单座双翼民用机"金鸟"号吸引时，大概就会明白，猜想没有错。

　　起初的实验本来打算在战舰逆风航行时进行，但是这天天公不作美，刮起了大风，当时指挥官钱伯斯上校决定在岸边进行强行试飞。"金鸟"号的驾驶员是一个叫尤金·伊利的小伙子，他坐在驾驶室中，望着前方短短的跑道，深深呼了一口气就发动了飞机的引擎。飞机顺利发动，极速向前冲去，可是由于跑道太短，刚刚离开跑道的飞机就开始往下沉，岸边的人们看到这一情形都十分紧张，屏住了呼吸。沉着冷静的伊利终于在飞机将要扎入大海之前将飞机拉了起来，岸上的人们松了一口气，大家纷纷欢呼起来。这是人类历史上第一次将飞机从战舰上试飞。又过了两个月，在美国西海岸的旧金山，伊利成功驾

航空母舰

驶飞机降落在了一艘巡洋舰上。这两次实验成为了航空母舰发展史上的里程碑。

　　既然美国成为舰载机方面的先行者，那么最早的航母是出现在美国吗？历史仿佛和美国开了一个玩笑，虽然美国人成功实验了舰载机的可能性，但是早期的航母最先出现在英国和日本。1917 年，英国人决定将"暴怒"号巡洋舰改装成航空母舰。他们将"暴怒"号的前主炮拆除，铺设飞行跑道并加装了甲板。但是由于有桅杆和烟囱的阻碍，从"暴怒"号上起飞成功的飞机就像泼出去的水，无法再次回到战舰上。

　　英国人做了许多积极的尝试，当时英国海军少校欧内斯特·邓宁凭借着高超的战机驾驶技术，驾驶"幼犬"战斗机用侧滑着陆的方式降落在了跑道上，首次将飞机降落在航行中的战舰上。但是，并不是谁都拥有这样高超的驾驶技术，对于普通驾驶员来说这是艰难的挑战。邓宁后来又进行多种尝试，但是这种尝试本身充满了危险。在一次试验中，他连同战机不幸坠入大海，邓宁在强烈撞击下休克并溺水，以身殉职。

　　这次事故后，英国人深深意识到：即使驾驶员技术再好，硬件设施跟不上，也无法在航空母舰上成功实现飞机起降。英国人开始对"暴怒"号进行大改装，将后主炮拆除并加装上了甲板，这样以中间的上层建筑为分界点，前面的甲板用于飞机起飞，后面的甲板用于降落。经过几次试验后，终于实现了飞机的起降。但是"暴怒"号是一艘很不完善的航空母舰。其后英国人开始建造真正意义上的航空母舰，1918 年 5 月，英国将正在建造的一艘客轮改装成了世界上第一艘拥有全通飞行甲板的航空母舰——"百眼巨人"号。后来英国人觉着总是改装也不是办法，就开始建造新的航空母舰——"竞技神"号。但是第一次世界大战过后，"竞技神"号建造缓慢，同时期日本设计建造了"凤翔"号，比"竞技神"号完工时间早，所以"凤翔"号成为了世界上第一艘真正设计建造的航空母舰。

　　到第二次世界大战爆发前，以美国、英国、日本为首的几个国家已经建造了不少航母。在这段时间内，航母还只是起辅助作用，海上的霸主仍然是战列舰。1940年，英国航空母舰在塔兰托海战中首开舰载机袭击军舰的先河，后来日本航空母舰编队成功袭击了珍珠港，还有在中途岛海战、菲律宾海战等战役中，航空母舰都成为了作战的主力，航空母舰成功取代战列舰成为真正的海上霸主。

　　"二战"过后，世界各国都意识到航空母舰的强大战斗力。从此强国开始将一些老旧的航母淘汰，并加大了对新型航空母舰的研发。后来随着科学技术的进步，各种新型导弹、舰炮、反潜武器、自动化系统、电子对抗系统，以及核动力都装备在航空母舰上。当然航空母舰并不是无坚不摧的，它由于块头太大，隐蔽性差，所以容易遭到攻击，潜艇、导弹和水雷成了航空母舰的克星。

坎坷一生："基辅"级航空母舰

　　第二次世界大战后，以美、苏为代表的军事强国迅速崛起。刚开始两国的海上军事力量不相上下，但是在后来的发展中，苏联不是很重视航空母舰的发展，而是将主要精力都放在了弹道导弹潜艇和导弹巡洋舰上。后来为了紧追美国的步伐，苏联在1967年建造了"莫斯科"级直升机航空母舰，但是相比当时美国的航空母舰逊色很多，苏联需要更为强大的航空母舰来与美国抗衡。又经过几年努力，苏联在20世纪70年代中期，终于拥有了使用垂直起降飞机的"基辅"级航空母舰，这才算是走上了发展航空母舰的道路。

　　"基辅"级航空母舰共建造了四艘，但是这四艘航空母舰的命运都十分凄惨。1970年，苏联开始在乌克兰的尼古拉耶夫造船厂建造"基辅"级航空母舰的首舰——"基辅"号，该舰在 1972 年 12 月 26 日下水，1975 年 12 月 28 日完工，1977 年 2 月加入北方舰队正式服役，停泊港口为北方舰队的重要基地北摩尔斯克。在之后的日子里，"基辅"号航空母舰多次在大西洋和地中海进行军事演练，还参加过在波罗的海的大型军事演习，可谓是风光一时。

到 1982 年，"基辅"号航空母舰开始返回尼古拉耶夫造船厂进行维修和现代化改装，之后继续在北方舰队服役。1987 年，"基辅"号航空母舰因为状态不是很好就停泊在了北摩尔斯克，这次停泊结束了它的海上军事生涯。苏联解体后，由于社会局势动荡、经济状况恶化，俄罗斯没有经费来维修这个庞大的家伙，并且由于建造 4 艘"基辅"级航空母舰的尼古拉耶夫造船厂位于已经独立的乌克兰境内，没有基地对"基辅"号航母进行维修，所以只能将它退役。甚至由于资金的短缺，俄罗斯将"基辅"号航母当作废铁卖给了我国一家公司，后被拖到天津，改为了军事主题公园。

"明斯克"号航空母舰是"基辅"级航空母舰的第二艘战舰，同样在乌克兰的尼古拉耶夫造船厂建造。它于 1972 年 12 月 28 日开工，1975 年 9 月 30 日下水，1978 年开始服役并于 1979 年被调到太平洋舰队，母港设于海参崴，离日本只有 200 多海里，在冷战时期的 20 世纪 80 年代，日本人面对这个大家伙时行事很是小心。

"明斯克"号航空母舰与现在看到的美国航母有很大的不同，它看起来一半像航空母舰，一半像巡洋舰，所以在众多航空母舰里颇有特色。该航空母舰的排水量为 42 000 吨，长 273 米，宽 31.0 米，吃水 8.2 米，航速为 32 节，由 4 台汽轮机推动。舰上平整开阔，能够容纳 12 架雅克–38 垂直起降战斗机，这些战机能够配挂多种对空和对地 / 海攻击武器，同时 19 架卡–27 反潜直升机对美国的核潜艇造成很大威胁。

"明斯克"号航空母舰

苏联解体后，"明斯克"号航空母舰同样没有逃脱悲惨的命运，陷入财政危机的俄罗斯已经没有精力来继续维修该航空母舰，乌克兰的独立使得"明斯克"号也没有了后勤保障基地，只好任其自生自灭。1995 年，俄罗斯将"明斯克"号和"新罗西斯克"号航空母舰当作废铁卖给了韩国大宇重工集团，而当时这两艘战舰的服役期还不到一半。

1995 年 10 月 22 日，"明斯克"号与"新罗西斯克"号被几条拖船牵出海参崴港湾，到达韩国。韩国国防部门对战舰进行了分析，虽然重要的武器和电子系统被拆除，但是即使是一个空壳，对于当时没有航空母舰的韩国来说，同样具有重要的研究价值。韩国一直想将"明斯克"号航空母舰起死回生，实现自己的"航母梦"。但是 1997 年金融风暴的爆发，使得韩国受创，只好将"明斯克"号航空母舰卖给了我国的一家公司。"明斯克"号航空母舰于 1998 年 9 月被拖至广州文冲船厂，进行封闭式大规模修整与改造。2000 年 5 月 9 日驶向深圳大鹏湾，成为当时世界上少数由四万吨级航母改造而成的大型军事主题公园。2016 年 2 月停止了对外经营，去往江苏南通开始新的征程。

"新罗西斯克"号航空母舰是"基辅"级航母的第3艘，以俄罗斯南部的克拉斯诺达尔边疆区一个港口城市——新罗西斯克命名，该城市是苏联著名的英雄城市之一。该航空母舰同样由尼古拉耶夫造船厂建造，所以说到这里，人们应该猜到了这艘战舰的结局。但是事实比人们想象中的还要悲惨。这艘航空母舰于1975年9月30日开始建造，1978年12月24日下水，1982年9月12日在太平洋舰队开始服役。

　　由于"新罗西斯克"号航空母舰建造时间较晚，所以战舰上的设备较之前的两艘航空母舰要先进一些。但是怎奈苏联一经解体，再大的技术优势也挡不住"基辅"级航母衰败的趋势。1992年9月，该航空母舰被停航，从此静默在港口。1995年同友舰"明斯克"号一同被卖到了韩国。1997年被拆解，而同来的"明斯克"号却被卖到了我国，逃脱了被拆解的命运，并且成为了军事主题公园，以一种新的面貌出现在世人面前。

　　"基辅"级最后一艘航空母舰是"巴库"号，于1978年底在尼古拉耶夫造船厂开始建造，1982年4月17日下水，1987年1月在北方舰队服役。"巴库"号航空母舰作为当时最新一级"基辅"级战舰进行了大幅度的改进。舰上装有先进的相控阵雷达和对空搜索雷达，对空导弹系统也进行了升级，火炮规格由两座双联装76毫米舰炮改为两座100毫米单管舰炮，威力大大提升。

　　这样先进的战舰，俄罗斯会保留下来吗？苏联解体后，俄罗斯终于痛下决心，筹集资金，将这艘现代化军舰保留了下来，同时给它取了个新名字——"戈尔什科夫海军元帅"号。但是1994年，由于锅炉仓发生了爆炸，该航空母舰受损严重，后来被迫退役。虽然这艘航空母舰没有被拆解，但是最终卖给了印度。自此，"基辅"级航空母舰相当于全部"阵亡"，流亡于海外。

海上巨无霸："尼米兹"级航空母舰

谈到当今世界上最强大的航空母舰，人们很容易想到美国的"尼米兹"级航空母舰。"尼米兹"级航空母舰是当今世界上排水量最大、现代化程度最高、载机最多的航空母舰。它是继"企业"级航空母舰之后，美国的第二代核动力航空母舰，是美国海军远洋战斗群的核心力量。

"尼米兹"级航空母舰是一个庞大的家族，共建有10艘，首舰"尼米兹"号标准排水量为98 500吨，长333米，宽40.8米，吃水深度为11.3米，航速30节以上。美国海军为"尼米兹"号配备了先进的电子设备、作战系统以及舰载武器，不仅攻击力十分强大，而且防御也十分完善，能够进行远洋作战，对陆、海、空目标进行打击。

1961年美国海军第一艘核动力航空母舰"企业"号服役后，因为核动力航母的造价太过惊人了，是传统动力航母的2.5倍。在巨额的制造经费面前，美国人不得不放弃继续建造核动力航母的计划，而是建造了"小鹰"级传统动力航空母舰。

1963年，美国海军希望新航空母舰应当在"小鹰"级航空母舰的基础上进行改进并采用核动力。当时的国防部长罗伯特·麦克纳马拉认为坚持核动力航空母舰的建造是个错误的选择，于是新建造的"肯尼迪"号仍然采用传统动力，美国海军的期待并没有出现。

罗伯特·麦克纳马拉还觉着当时美国拥有的航空母舰数量有点多，这是一笔很大的开销，所以他在考虑削减航空母舰的数量。在1965年越南战争爆发初期，这位国防部长决定到70年代初，要将美国现役航空母舰的数量从15艘减少到13艘，但是他的这一想法很快发生了转变。

越南战争爆发以后，"企业"级核动力航空母舰凭借着持久的作

海／船

Ships

战能力在战争中发挥了重要的作用。罗伯特·麦克纳马拉意识到自己犯了一个严重的错误，不该禁止发展核动力航空母舰的计划。于是在1966 年，他再次做了决定，将美国的航空母舰的数量保持 15 艘不变，并决定建造新一级核动力航空母舰。自此，以"尼米兹"号核动力航空母舰为首的第一批次"尼米兹"级航空母舰开始建造。

1979 年，美国海军提出了建造第四艘"尼米兹"级航空母舰的建议，但是被国会否决了。1979 年，伊朗伊斯兰革命后，美国大使馆被占领，扣留了大量外交官和平民。当时美国人意识到，核动力航空母舰能够长时间在海外活动，能够对救援行动提供很大的帮助。在一次营救人质的行动中，美国派出了"尼米兹"号核动力航空母舰，战机起飞后在飞跃沙漠时碰到了沙尘暴，吉米·卡特总统取消了营救计划，营救行动失败。

"尼米兹"级航空母舰

但是美国人认为如果不是恶劣天气的干扰，说不定已经救出被关押的人质。这一事件后海军更加坚定了建造第二批核动力航空母舰的想法。并于1980财年的国防预算中提出该建议。经过卡特总统批准，以"罗斯福"号为首的第二批"尼米兹"级核动力航空母舰开始建造。

"人质事件"对卡特总统的连任选举产生了一定影响，他的竞争对手罗纳德·里根竞选胜利。上台后的里根为了达成其提出的"海军舰艇600艘"的目标，开始大量建造"尼米兹"级航空母舰。

总体来说，第二批"尼米兹"级航空母舰有了很大改进。制造成本降低的同时，工艺得到了改进。例如，在侧舷增加了装甲，在弹药库与机舱外加装了保护箱体，炉心寿命由原本13年提高为15年，满载排水量逐渐增大。五号舰"林肯"号满载排水量为10万吨，成为世界上第一艘满载排水量为10万吨级的航空母舰。

1988年美国海军开始订购第七、第八艘"尼米兹"级航空母舰，这也成为了在冷战结束前订购的最后两艘"尼米兹"级航空母舰。这两艘"尼米兹"级航空母舰改用了更新型的燃料棒，生命周期更长，高达23年。由于采用了新开发的高强度、低合金钢材，在保证强度的同时，降低了生产成本。

随着1991年苏联的解体，苏、美两国长达40多年之久的冷战终于结束，从此美国没有了强大的竞争对手，所以"尼米兹"级航空母舰的建造工作也逐渐放缓。直到1994年，美国海军才开始订购第9艘航空母舰，而第10艘航空母舰的订购时间竟然是在1998年，订购时间间隔之久实属罕见。这一时期，美国已经开始着手研制下一代核动力航空母舰，因此这两艘航空母舰成为了最后两艘"尼米兹"级核动力航空母舰。9号舰命名为"罗纳德·里根"号，于2001年3月4日下水，2003年7月服役。

美国人对"罗纳德·里根"号航空母舰进行了不少改进，舰岛设计首次采用 3D 数字模型技术，舰桥右侧向舷外大幅伸展，使右舷的警戒能力增加，新设计的球鼻舰首可以减低航行阻力，增加舰首的浮力，舰内加装整合指挥网络（ICAN），是美国海军第一艘实现网络化的航空母舰。

最后一艘"尼米兹"级航空母舰命名为"乔治·布什"号，是为了纪念总统老乔治·布什在 1990 年率领美国军队取得了波斯湾战争的胜利。老布什在满 18 岁生日时加入了美国海军，并且在尚未满 19 岁时就成为真正的海军飞行员，是当时美国最年轻的海军飞行员之一。他曾在 1944 年一场日本小笠原群岛的海战中，遭到日军炮火击落，但幸运地被救起，这位颇具传奇色彩的老人能够在晚年看到以自己名字命名的航空母舰，一定是很欣慰的。

英国风范："伊丽莎白女王"级航空母舰

"伊丽莎白女王"级航空母舰是英国的新一代航空母舰，是现在英国强大海军力量的主要体现。首舰"伊丽莎白女王"号于 2014 年 7 月正式下水，2017 年 12 月服役。"伊丽莎白女王"号航母取代原先的"无敌"级轻型航空母舰，成为英国海军的核心力量。

英国自 16 世纪以来，一直是欧洲国家中的"一霸"，英国人在打败西班牙的无敌舰队后成为了海洋上的霸主，他们建造的盖伦船很长一段时间内活跃在各个殖民地。

英国人是最早建造航空母舰的国家之一，到第二次世界大战前，英国已经建造多艘航空母舰。但是在第二次世界大战中，英国损失惨重，战后国力不再强盛，经济的惨淡使得历史悠久的皇家海军没有大量军费来维持航空母舰的运营。

20 世纪 60 年代，经济得到不断恢复和发展的英国开始制定建造新航空母舰的计划，用来取代"二战"中老旧的航空母舰。直到 70 年代，该计划不仅没有一丝眉目，而且因为建造资金巨大，最后只好放弃。但是这时苏、美的海上军事力量已经开始疯长，特别是美国，对航空母舰的研发一直没有停歇，多艘新制造的航空母舰已经陆续开始服役。英国人坐不住了，既然大型航空母舰制造困难，那就研制轻型航空母舰。正好当时"反潜"话题很是热门，于是英国人就建造了"无敌"级航空母舰。

　　1982 年的英国和阿根廷为争夺马尔维纳斯群岛爆发了战争。在战争中，英国人对阿根廷的进攻感到吃惊，先前派遣的海军特遣战斗群已经不能夺得战争的优势，于是英国皇家海军带领"无敌"号和"竞技神"号两艘轻型航空母舰加入了战斗。这两艘航空母舰的载机数量有限，面对阿根廷空军的数百架战机显得力不从心。由于舰载预警机

"伊丽莎白女王"号航空母舰

的缺乏，使得皇家海军不得不调集了几艘驱逐舰在航空母舰编队前护航。虽然战争取得了胜利，英国夺得了对马尔维纳斯群岛的控制权，但是也付出了惨重的代价。

战后，英国人已经认识到这种轻型航母的不足，但是资金短缺的英国政府只能建造更多的轻型航母弥补战力的不足，于是卖掉了老旧的"竞技神"号，又筹措了一些资金，建造了"卓越"号和"皇家方舟"号两艘轻型航母。但是英国人一直有着建造大型航母的计划。

从20世纪80年代至今，英国海军的军费一直处于"空瘪"状态，有限的资金只能用来维持现有轻型航母的运营。到了21世纪，随着"无敌"级航空母舰相继退役，英国政府不得不建造新一代航空母舰。于是"伊丽莎白女王"级航母就这样艰难产生了。

2009年，"伊丽莎白女王"级航空母舰正式开工，首舰"伊丽莎白女王"号于2014年7月下水。首舰全长280米，水线宽39米，满载排水量为6万吨，大约为"无敌"级航空母舰的三倍。为了能够给新舰提供更强劲的动力，"伊丽莎白女王"号航空母舰上装备了2台新型燃气涡轮机、2台大功率柴油机，还有2台相对较小功率的柴油机作为辅机，该航空母舰采用双轴推进，最高航速25节，最大续航力1万海里。该航空母舰上的电力电气自动化程度较高，各种电子设备都十分先进。

作为一艘航空母舰，舰载机能够迅速地投入战斗是一件很重要的事。"伊丽莎白女王"号航空母舰上配置了两部载重能力为70吨级的升降机，能够在一分钟内将飞机从机库运送到飞行甲板上。飞行甲板面积宽广，涂有防滑抗热涂装。它的飞行甲板上有6个直升机起降点。飞行甲板的前端由两部分组成，一部分位于舰首的滑跃甲板，另一部分用来停放飞机。

"伊丽莎白女王"号航空母舰终于摆脱了之前轻型航母舰载机数

量少的烦恼，舰上能够容纳将近 40 艘固定翼战机。甲板下庞大的机库能够容纳 25 架战机，还设有 20 个飞机维护区。剩下的飞机全停在甲板上面。这些战机可以组成两个战力强大的中队，30 架 F-35 战机、4 架 MASC 预警机与 6 架"梅林"直升机。这样强大的火力配置对任何一个目标来说都会产生巨大的威胁。

"伊丽莎白女王"号航空母舰最与众不同的地方是采用了双舰岛设计，我们知道舰岛是航空母舰上的关键部位之一，既包括驾驶室、飞行指挥室，还有各种天线等。过去的航空母舰多是单舰岛设计，而"伊丽莎白女王"号的双舰岛，将驾驶室、飞行指挥室分离开来，使得分工更加明确。

有了强大的进攻武器，"伊丽莎白女王"号的自卫武器相当精简，包括 3 座美制"密集阵"近防武器系统及 4 座 30 毫米轻便式遥控机炮。在雷达方面安装有泰利斯公司的新型电子扫描雷达。"伊丽莎白女王"级大幅度提高了自动化程度，并采用更多机械设施，以减少弹药搬运和挂载作业所需的人力。

英国是航空母舰的诞生地之一，现代航空母舰诸多发明都来自英国。"伊丽莎白女王"号是英国耗巨资打造的欧洲最强航空母舰，它的设计、布局体现了英国皇家海军对于过去经验的总结和对于未来的展望，尽管遇到了资金、员额规模裁减等诸多困难，但英国还是克服困难，以逐步改进和完善的方式完成了"大航母之梦"。

印度海军新锐："维克拉玛蒂亚"号

说起苏联海军的"基辅"级航空母舰，自然会想到该级舰的悲惨命运，一艘被韩国拆解，两艘到了中国，被当作了海上军事主题公园，俄罗斯虽然苦筹资金将最后一艘"巴库"号保留了下来，并命名为"戈尔什科夫海军元帅"号，但是新的名字依然没有改变它悲惨的命运，于 2004 年送给了印度。印度海军将其改装，便成了现在看到的"维克拉玛蒂亚"号航空母舰。

该舰于 1978 年 12 月在尼古拉耶夫造船厂开始建造，1982 年 4 月 17 日下水，1987 年 1 月服役。还没有尽情地在碧海蓝天畅游时，就遇到了苏联解体。苏联解体后，俄罗斯经济困难，"戈尔什科夫海军元帅"号没有了生机与活力，先是停泊在港口，每天望着日出日落发呆，后来退役。直到 2004 年，它的新主人印度人经过多年的谈判终于买到了"戈尔什科夫海军元帅"号，后将其命名为"维克拉玛蒂亚"号。

来看看这艘新改装的航空母舰有什么变化吧。从外形上看，依然可以看出是苏联的航空母舰风格，舰上的升降机和岛型建筑没有改变，也许印度人认为这些可有可无的改造实在是浪费金钱。但是当从侧面观察整个船身时，细心的人一定会发现甲板延长了。确实，印度人为了保证航空母舰在高温度、高湿度的条件下正常工作，将其飞行甲板延长了 8 米，降落甲板延长了 2 米。不要小看这点小小的距离，对于要求起降到特定位置的飞行员来说，这多出的一点点的距离在他们看来已经是很大一份"恩赐"。

虽然大体的岛型建筑没有改变，但是对于一些细枝末节——一些不必要的建筑，印度人坚持能拆就拆的原则，因为这能为他们省下一大笔改装费，毕竟改装费会高达十几亿美元。虽然印度对此已经有了心理准备，也欣然接受了，但是能省则省，何乐而不为？细心的印度人发现甲板下的舱室显得太"空荡"了。于是在改装时"砍掉"了一部分下层甲板舱室。还有一些陈旧的电子设备和内部电缆，都被拆下来。经过一系列大刀阔斧的精简后，"戈尔什科夫海军元帅"号上的人员编制有效减少了 400 多人，而这也能为日后省很大一笔费用。

海洋「巨兽」般的航空母舰

对于疯狂地精简改装，印度人十分满意，而俄罗斯则一脸黑线，因为改装后的"戈尔什科夫海军元帅"号竟然可容纳将近 40 架战机，而俄罗斯人最初对印度人说，改装完成后可容纳 32 架，甲板利用率竟然达到了和法国"戴高乐"航空母舰一样的水平，这让俄罗斯人觉得有点亏。

在"维克拉玛蒂亚"号上，单波最多能够出动 5 架飞机执行正常任务。而美国航空母舰特混编队在执行日常巡航任务时仅出动 1 架预警机、2 架战斗机，等到三级警戒状态才会出动 4 架战斗机。从这方面来讲，"维克拉玛蒂亚"号航空母舰表现得很出色。

航空母舰上的战机几乎全部由俄罗斯提供。早在印度购买"戈尔什科夫海军元帅"号之初，俄罗斯人就向印度推荐了基于米格 −29 研

海／船

Ships

"维克拉玛蒂亚"号航空母舰

发的最新型米格 -29K 战机，但是对于这种全新研发的新机型，印度人还是有些不放心，毕竟那是要在航空母舰上起降，与陆地上完全不同。所以在 2000 年的谈判中，印度为了保险起见，拒绝了俄罗斯出售米格 -29K 的提议。

但是印度后来仔细琢磨，除了米格 -29K 战机就剩下了苏 -33 舰载战斗机可以选择。苏 -33 舰载战斗机相对于中型航空母舰"戈尔什科夫海军元帅"号来说有点大。起降是个麻烦，并且苏 -33 已经停产，若是重新开始生产，费用也会增加很多。而且，苏 -33 战机单纯作为舰队防空，没有考虑对地武器系统的设计配套，从这一方面来说米格 -29K 还是很合适的。

就这样经过几年的认真琢磨，印度还是决定购买米格 -29K 战机，并在购买航空母舰时签订了购买 16 架米格 -29K 的合约。合约中还享有买一送一的优惠，俄罗斯在将米格 -29K 交付后，其飞行员会对印度飞行员进行指导、训练。2007 年，第一架米格 -29K 交付给印度海军。

2012 年 7 月 8 日，"维克拉玛蒂亚"号驶入巴伦支海，展开为期124 天的海上测试，本来预计在 2012 年 12 月 4 日交付给印度海军，但是印度人对此表示怀疑，在他们看来俄罗斯海域海况恶劣，肯定不会这么快交付，应该会推迟到 2013 年 3 月。事实上如何呢？

在测试中，舰载机起降作业很成功，参加测试的都是资深的飞行员，他们对新航空母舰、新战机十分满意。新航空母舰上的电子设备和武器系统也没有问题。但是到 9 月中旬却传出新航空母舰在测试中推进系统发生了故障。很快俄罗斯联合造船集团出来承认了事实，说是有 3 个锅炉无法以全功率输出，但"维克拉玛蒂亚"号仍能正常航行，印度人关心的是出现的问题，对于俄罗斯委婉的说法根本不去太多地关注。

之后"维克拉玛蒂亚"号返厂进行修补，由于预计检修时间较长，所以大部分印度海军官兵返回了印度，只留下少部分人对工作进行监督。整个工作在 2013 年 2 月完成。俄罗斯联合造船集团宣布已经修复了锅炉。2013 年 5 月重新展开海试，8 月初，"维克拉玛蒂亚"号完成了蒸气推进系统的第一阶段测试，8 月下旬，"维克拉玛蒂亚"号成功进行了米格 −29K 的夜间起降测试。到 9 月下旬，完成了所有海上测试，在 2013 年 11 月 16 日交付给了印度海军。

法国代表："戴高乐"号航空母舰

"戴高乐"号航空母舰是法国第一艘核动力航空母舰，是法国海军的旗舰，其命名源自于法国著名的军事将领与政治家夏尔·戴高乐。法国在 20 世纪 60 年代建造了传统动力航空母舰"福熙"号和"克莱蒙梭"号，但是到了 70 年代，法国还没有核动力航母，而美国早在 50 年代末就已经制造了"企业"号核动力航母，于是法国在 70 年代中期便开始进行下一代航母的建造计划。

计划开始后，当时的法国总统依照法国海军旗舰命名的传统，将新战舰命名为"黎塞留"号，以纪念第二次世界大战时的著名战列舰"黎塞留"号，在 1989 年又被当时的总理席哈克命名为"戴高乐"号。

新战舰的建造过程十分缓慢，因为在建造过程中碰到了许多问题。重型飞机要想从航空母舰上起飞，必须要有蒸汽弹射器，而这种装置在当时只有美国能提供。1991 年，法国想要向美国购买 4 套美制 C–13–3 型蒸汽弹射器，这种弹射器在当时十分先进，弹力非常强，可以将 32 吨的战机加速到 100 节以上的起飞速度，并且每隔 30 秒就可以弹射一架飞机。

等到法国向美国提出购买要求后，美国代表态度不是很友善，原来美国人对法国人向来自大的态度不满，于是谈判过程中将每套弹射器的价格定在 1200 万美元，是国内报价的好几倍。法国人十分生气，索性不谈了，直接向当时国内的著名战斗机制造厂商——达索公司下达命令，要求达索公司在两年内拿出国产蒸汽弹射器。达索公司已经承接了"戴高乐"号航母上战机的研发工作，忙得焦头烂额，哪有工夫再去建造蒸汽弹射器，于是果断推辞表示难堪重任。法国人一时间有点懵了，最后实在没办法，只好向美国人低头，虚心谈判，美国人看对方态度诚恳也不再故意刁难，将蒸汽弹射器卖给了法国人。

"戴高乐"号航母是一艘核动力航母，在推进系统设计之初，法国人就想设计一种全新的核推进系统。但是当真正设计时，想法过多也不知道采取哪个，再加上 1992 年欧洲爆发了金融危机，法国深受其影响，整个工作处于停滞状态。当时法国《费加罗报》对这件事做了报道，称戴高乐号的建造工作处于危机中。在这样举步维艰的时刻，1993 年法国新型导弹核潜艇"凯旋"号试水成功。法国人很懂得变通，没有死钻牛角尖，他们将"凯旋"号上的核反应堆做了改进，并将其装在了"戴高乐"号航母上，不仅提升了功率，而且据估算装满燃料后的新航母可连续航行 13 年。

当"戴高乐"号航母要装备预警机时，美国愿意将 E-2C "鹰眼"预警机出售给法国，但是售价高的离谱，每架预警机达到了 2.5 亿美元，但是法国人却接受了。法国人将买来的预警机在"戴高乐"号上进行了起飞降落试验，实验当天就傻了眼，因为原来的甲板不够长，需要再增加 4 米才能够适应 E-2C "鹰眼"预警机的起飞和降落。预警机已经买了，也不能退回去，只好在航母上增加甲板。这一折腾，又是很长一段时间。

2001 年 5 月 18 日，"戴高乐"号正式服役，比原本计划服役的时间足足晚了五年。9月11日，美国发生了"9·11"恐怖袭击事件，事件发生后，全球各地开始举行各种悼念活动，同时很多国家都加入到了反恐行动的行列。法国为了协助美军扫荡阿富汗塔利班政权，出动了"戴高乐"号航母战斗群，一路穿过苏伊士运河进入印度洋，到达巴基斯坦大城喀拉蚩南方的海域上。在这次行动中，"戴高乐"号上的舰载机至少进行了140次以上的侦查与轰炸任务，于2002年7月返回法国。

　　"戴高乐"号航空母舰在设计时首先考虑到了隐身性能，其吨位只有美国航空母舰的一半。虽然体型较小，但是没有采用欧洲小

"戴高乐"号航空母舰

型航空母舰常见的滑跃式甲板设计，而是采用了和美国航空母舰一样的设计——斜向飞行甲板。由于吨位较小，所以没有像美国那样配有 4 台舰首弹射器，只能装备 2 台，同样舰载机的数量也为美国一半，为 40 架上下。不过战机的种类很是齐全，其中不乏一些著名战机，如"阵风 M"战斗机、"超军旗"攻击机、"E-2C"鹰眼空中预警机。

其中"阵风 M"战斗机能用于执行空战和对地攻击任务，该战机装有两台 M-88 发动机，具有良好的超音速和亚音速性能以及超视距和近距空战能力。战机上可以装载多种对地攻击武器，如激光制导炸弹、"飞鱼"空射反舰导弹。

不仅如此，"戴高乐"号航空母舰还装备了"紫苑 -15"防空导弹，可以拦截超机动目标。还装有防空机关炮、萨德哈尔轻型近程防空导弹系统以及雷达干扰系统，使得战力远远超过法国先前建造的航母。

"戴高乐"航母也搭载了先进的作战系统，安装在舰桥内的指挥控制中心。该系统能同时处理来自不同传感器的 2000 个目标信息，舰上搭载的 SY- TEX 战略通信系统可以保证航母与法国海军总部以及法国政府之间进行联系。高度自动化使该级舰上的人员编制大为减少，人员编制仅 1700 人，与以往同类航母相比，舰员减少 1/3 以上。

法国一贯坚持"武力自主"，舰上的动力、武器、电子等装备大部分是自己研制，所以"戴高乐"号航母的建造才几经波折，并且建造与维持成本都极为高昂。"戴高乐"号航空母舰也成为了法国财政的一大负担，不过最终的坚持使得"戴高乐"号航空母舰成为了全世界唯一非美国建造的核动力航空母舰，确实让法国人也扬眉吐气了一番。

未来的航母：潜水航母

现在的航空母舰都是在水上进行作战，航母又被称为"浮动的海上机场"。而潜水艇是航母的主要杀手之一，这个速度快、威力大，来去又十分神秘的家伙，使航母编队十分头疼。一个是称霸洋面的"海上巨无霸"，一个是横行水的"水中幽灵"。能否将这两者结合起来，发展一种"潜水航母"呢？

其实早在第二次世界大战期间，日本就有了建造"潜水航母"的想法。当时的日本认为，如果能偷偷地潜入美国本土进行偷袭，定能掌握战争的主动权，对美军的士气造成沉重的打击。但是当时日本并没有靠近美国的军事基地，航程太远，派战机出动又不合适，于是决定发展潜水航母。经过几年的研发，1942 年日本完成了潜水航母的制造，命名为"伊 -400"，它是世界上唯一的一级潜水航母。采用双壳体设计，使它的横截面看上去像一副眼镜，因此人们称它为"眼镜"。

这艘超级潜艇建成后曾经到美国亚利桑那州进行攻击，但是由于是实验性的产品，排水量小、飞机少，战斗力不是很强，并没有引起美国的重视。在相继建造了几艘后，日本就战败投降了，也不再去研发"潜水航母"。在日本投降时，正好有一艘潜水航母在美国近海，战败的消息传到了该潜水航母上，上面的船员将潜水航母的设计资料全部销毁，并将航母沉入到了海底。

美国在"二战"后开始和苏联进行军备竞赛，一直在尝试寻找一种具有广阔发展前景的战舰。经过几年的努力，美国人发现了这艘珍贵的航母，他们将其捞起，进行了研究。这种潜水航母也引起了英国、苏联的注意，大家纷纷对此进行了研究。但是由于研究费用大，技术难度高，并且载机数量少，所以都放弃了潜水航母的研制工作。渐渐地，"潜水航母"一词也被人们遗忘了。

到了 20 世纪 70 年代中后期，随着科学技术的发展，苏联、美国冷战的持续加强，不仅苏、美，世界上一些海军大国也再次尝试研究潜水航母。特别是新型核反应堆的发展为潜水航母的发展提供了有效的动力。现代核潜艇的巨型化也为潜水航母的研制提供了宝贵的经验。但即使如此，潜水航母的研制还是没能取得突破性的进展。

到 20 世纪 80 年代后期，苏联已经渐渐力不从心，美国在全球取得霸主地位。1991 年苏联解体时，正好美军对伊拉克展开了军事行动。后来俄罗斯针对美国的行动重新评估了潜水航母的重要性，并开始对航母进行研究。虽然苏联解体了，但是美国并没有放松警惕，反而是将目光放在了俄罗斯身上，并且面对俄罗斯的挑战也提出了自己的发展计划。俄海军下令红宝石设计局重新开发新的潜水航母计划，命名为"983 工程"。但是所谓的重新发展计划实际上是在"台风级"核潜艇的基础上展开的，通过在该级潜艇上加装潜水直升机等执行侦察、导航、监视等任务，所以进攻性不是很强。

美国方面也采取了同样的方法，他们对冷战后遗留下来的大量旧潜艇进行改造。其中在"洛杉矶"级核潜艇上加装了飞行载具，但是这样的改造，仅仅和潜水航母沾一点边，还不是真正的潜水航母。

到 21 世纪，潜水航母又一次成了世界海洋大国的焦点，并且随着航空母舰舰载装备的空前发展，为潜水航母的发展提供了契机。英、美等国均加大了对这种新型航母的研究，对其可行性作了大量论证，并且已进行了一些关键性试验，有人对潜水航母做了设想：潜水航母要在水下航行，因此不可能有像水面航母那样宽大的甲板和空间，折叠式垂直／短距起降飞机便成为了其最佳载机；潜水航母的载机必须存放在舱内，因此又面临着一个释放、起飞及降落、回收的问题；未来的潜水航母排水量在 1 万吨左右，可以搭载 6 架"海鹞"垂直／短距起降战斗机、2 架直升机，同时搭载一支能实施两栖作战的特种部队；

潜水航母应该配备一种喷气式水上飞机。为了防止进水，2台发动机均放在机翼的上部，在飞机腹部可以安装可收放式水橇。在飞机起飞时，水橇支起，当飞机离水后收回水橇。

人们对潜水航母的下潜深度做了设想。不少专家认为，为了获得更好的隐蔽性，以潜望镜刚露出水面为宜，当隐蔽攻击时，潜水航母可以像潜水艇一样潜至水下。

另外，也有人把水下航空母舰的舰体设想成双舰体型式和单舰体型式。对于双舰体型式潜水航母来说，每个舰体都可以存放一排飞机，这样可以大大加强航母的载机量。同时，每个舰体都有各自的弹射舱。拥有两个指挥台，其中一个能够控制航空母舰航行，另一个控制飞机飞行。单舰体型式潜水航母只配置一排飞机、一座弹射器，体型相对小些，但航行速度更快。

未来潜水航母的主要任务是侦察和攻击。像现在的航母一样，会为它配备导弹核潜艇组成的编队。这种新型航母隐蔽性大大增强，也许会成为未来海洋战略的一大霸主。

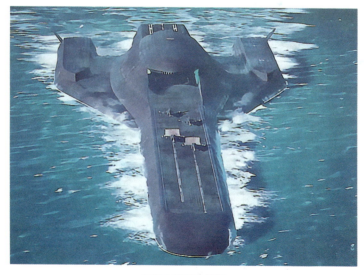

设想中的潜水母舰

Part 10

水下"蛟龙"潜艇

人类的智慧是无穷的，在发明水上舰艇的同时，人们将目光锁定到了海底，发明了潜艇。这是一种能够潜藏在海底对目标发动突然袭击的战舰。海水成了潜艇天然的屏障，加上消声技术的应用，潜艇成了海洋中的"狩猎者"，是航母的主要杀手之一。

行走在水下的"幽灵"——潜艇

潜水艇是一类能够潜入水下进行作战的舰艇，它们引以为傲的就是利用水层隐蔽，在敌人没有发现之前给予重击，它们像"幽灵"一样存在，常常使得对手束手无措。但是潜艇的自卫能力较差，对空能力弱，主要的目标是行走在海上的各种军舰。

达·芬奇是欧洲"文艺复兴时期最完美的代表"，他是一个天才，最大的成就是绘画，最著名的作品《蒙娜丽莎》成为了巴黎卢浮宫的镇国之宝之一。但是除了绘画，他还是一个伟大的发明家。达·芬奇痴迷于机械的研究，据说他还进行了关于潜艇的设计。

人类历史上第一艘能在水下行走的"船"在 1620 年由荷兰物理学家科尼利斯·德雷尔制造出来，成为了世界上第一艘潜水船。它的样子更像是一个大木柜，外面包裹着涂有油脂的牛皮，船内用羊皮囊作为压载水舱，这艘潜水船可以由 12 名船员以多根木桨驱动，可以潜到 3 ~ 5 米的水下，在当时已经非常先进。

战争是海上军事武器产生的催化剂。在美国独立战争期间，潜艇作为军事用途第一次登上了历史的舞台。当时许多爱国青年都投身到了战争中，戴维特·布什内是美国耶鲁大学的一名学生，他十分喜欢发明创造，一次偶然的机会受到一位将军的青睐，并在他的支持下开始研究潜水船，来打击英军。经过很长时间的努力，他终于研制成功了一艘外形酷似海龟的潜艇，这便是潜艇发展史上著名的"海龟"艇。

"海龟"艇内因为是密闭的，需要进行换气。戴维特·布什内就在艇的上部装了 2 根通气管，当潜艇上浮时就打开换气，下潜时再关闭，一次换气能够维持半小时的新鲜空气。同时潜艇也能自由地控制，只需要两个人就可以完成潜艇的方向控制。艇内设有压载水舱，艇内装有一块 90 千克重的铁块，若是遇到紧急情况，只要抛掉铁块，潜艇就能很快上浮到水面。作为军事武器，该潜艇的武器是挂在艇体外面的一个重约 68 千克的炸药包，当要攻击时，就把这个炸药包投到敌船上，虽然现在看起来有点滑稽，但是开始有了潜水艇该有的样子。

1776 年 9 月 7 日驾驶员驾驶着"海龟"艇悄悄潜入到了英国战舰"鹰"号的尾部，发动了历史上第一次潜艇攻击，船员准备用钻头在敌舰上打一个孔，以固定炸药包。但是他打孔的地方不巧是一块金属板，忙乎了半个小时，仍然没有成功，"海龟"号只好潜走，这次行动也以失败而告终。

后来爱尔兰裔的美国人罗伯特·富尔顿对"海龟"艇进行了改进。不久后，他在法国皇帝拿破仑·波拿巴的支持下建造了一艘新的潜艇，命名为"鹦鹉螺"号。这艘潜艇与之前的潜艇最大的不同就是整个材料由原来的木制变为了铜、铁制，外壳是铜的，框架是铁的，当它浮出水面时就像一只大号的雪茄落到了水里。

该潜艇还配备了风帆，这在船上才能见到的东西也被用到了潜艇上，当在水面上时，风帆成了推进动力，当在水下时用螺旋桨推进，同样用压载控制潜艇上浮和下沉。"鹦鹉螺"号能潜到水下 8 ～ 9 米

现代潜水艇

的地方，这时频繁的浮、沉就不合适了，于是富尔顿为该潜艇配备了压缩空气，可以供 4 个人和 2 支蜡烛在水下使用 3 小时。"鹦鹉螺"号攻击武器更加先进，不再使用炸药包，而是水雷，不过攻击方式还是与"海龟"号一样。

19 世纪 60 年代，美国南北战争爆发，又一艘潜艇问世了。这艘由亚拉巴马州的霍勒斯·亨莱和麦克林、沃森共同研制的"亨莱"号潜艇由一台铁锅炉改装而成。由 8 名水手同时摇动曲柄来推动潜艇，用压载水舱来控制潜艇的浮沉，换气时需要浮到水面，其武器为一枚鱼雷。由于是用锅炉改造，所以长宽不相称，在水中根本不平稳，首次试航就以失败而告终，艇员几乎全部遇难。在后来的试航中，甚至这艘潜艇的制造者亨莱连同船员一同遇难。频频发生事故，让制造者不得不对"亨莱"号进行改进，最后在艇首安装了一枚撑杆水雷，才终于取得了成功。

随着工业革命的到来，现代潜艇开始登上历史的舞台。1897 年，爱尔兰人约翰·霍兰研制成功现代潜艇发展史上著名的潜艇——"霍兰"号，它以汽油发动机和以蓄电池为动力的电动机为推进动力，在水面时采用汽油机，时速 7 海里，续航力达到了 1000 海里；水下时用电动机，时速 5 海里，续航力 50 海里。武器方面装有一具鱼雷发射管、3 枚鱼雷和 2 门火炮，航行平稳，下潜迅速，被称为"现代潜艇的鼻祖"，霍兰本人也被称为"现代潜艇之父"。

从 20 世纪开始，潜艇进入到了快速发展时期，各式各样先进的潜水艇被研制出来。在第一次世界大战期间，潜艇发挥了重要的作用，第二次世界大战后，世界各国更加重视潜艇的发展，不久就诞生了人类历史上第一艘核潜艇——"鹦鹉螺"号。从此潜艇动力进入了核动力时代。随着电子、网络通信等技术的发展，越来越多的新技术被运用到了潜艇中，潜艇的威力更加强大，甚至成为了航母最大的威胁。

我国在新中国成立后，十分重视海洋军事力量的建设，制定了海洋发展计划。第一步就是要以导弹、潜艇为主，通过购买、仿制、自行设计等方式逐渐发展了多种型号的潜艇。1974年，我国第一艘核潜艇——"长征1号"正式服役，从此我国进入了核潜艇国家的行列。1988年9月28日，我国战略核潜艇水下发射弹道导弹取得成功，从此，我国成为世界上第五个拥有海核威慑力量的国家。

世界之最："台风"级核潜艇

自从苏联、美国冷战开始，在两国的疯狂军事竞赛下制造了大量航母、巡洋舰、驱逐舰以及潜艇。"台风"级潜艇的建造，成为了当时美国"俄亥俄"级潜艇的主要对手，但从样子上来看，"台风"级潜艇要比"俄亥俄"级潜艇威风得多，因为这个大块头的体积竟然是对手的两倍。

20世纪70年代后期，苏联为了抗衡美国"俄亥俄"级潜艇，于1973年开始设计和建造新型弹道导弹核潜艇。"台风"级潜艇的总设计师在接受采访时曾这样说："你和我都生活在一个不完美的世界，而且还将要继续生活在这个世界中。""当时美国生产了'俄亥俄'级核动力战略潜艇，为达到超越，我们必须研制出更强的潜艇。"

第一艘"台风"级潜艇于1977年开始动工，1980年9月下水，1982年开始服役。该级潜艇水面排水量为18 500吨，水下排水量为26 500吨，是当时世界上最大的核潜艇，至今无人超越。这个大块头究竟有多大呢？国际足联规定标准足球场长105米，宽68米，而"台风"级弹道导弹核潜艇长171.5米，比一个半足球场还要长，宽24.6米，相当于标准足球场宽度的1/3那么宽。吃水13米，仅该部分就有3层楼那么高，可以想象这该是个多么庞大的家伙。"台风"级潜水艇水面航速达 12 节，水下为 25 节，机动灵活，能迅速追击、捕杀敌人，是不折不扣的水下杀手。

该舰采用模块化双壳体，在两个独立的壳体之间有两个独立密封舱：鱼雷舱和中央舱。鱼雷舱内有鱼雷发射管、备用鱼雷架，并有纵向和横向传送鱼雷的装置和快速装填装置，鱼雷舱和主耐压艇体有通道。鱼雷舱下面是声呐站的球形主基阵。导弹舱位于艇首固壳之间。固壳、两个独立密封首次采用全钛结构。"台风"级核潜艇通常在北冰洋的水下航行，坚硬的外壳上覆盖着厚达一米的冰层。

"台风"级潜艇主要进攻武器是 SS-N-20 弹道导弹，射程可达8300 千米，能够打击半个地球以内的任何一个目标。SS-N-20 弹道导弹采用固体燃料，长度 16 米，直径 2.4 米，可携带 10 个分弹头。"台风"级可以同时齐射 2 发 SS-N-20 导弹，当时世界上其他任何级别的弹道导弹潜艇都无法做到。"台风"级装备了 20 枚该型导弹，可通过 10 次齐射全部发射出去。发射间隔时间很短，也不受水面天气条件限制，是当时最先进的弹道导弹之一。除这些战略导弹之外，台风级核潜艇还携带 6 具鱼雷发射管以及 22 枚反潜导弹，战斗力大大增强。

在许多西方人看来，苏联建造的武器大多只讲求实用性，只要战斗能力强就可以，丝毫不考虑舒适性，也许是苏联人也不像人们想象得那么刻板。这艘"台风"级潜艇在设计时考虑到了居住的舒适性。潜艇为每位船员配备了一个 3 平方米的"私人空间"，艇上还装备了空调，健身房、游泳池、桑拿浴室应有尽有。舰上唯一没有休息时间的地方是厨房。在这里，厨师 24 小时都在忙碌着，每天要为船员准备 4 餐，黑鱼子酱、金枪鱼、巧克力，再来一杯葡萄酒，空闲时还可以到甲板上钓钓鱼，谁说潜艇生活枯燥无味的？这样的生活足以让许多其他战舰上的船员羡慕不已。

"台风"级核潜艇

　　"台风"级潜艇共建造了6艘，最后一艘于1989年完工，全部编于北方舰队。苏联解体后，俄罗斯内忧外患，国内经费紧张，冷战时期留下来的大量战舰不是退役就是分给了分离出去的其他国家。"台风"级潜艇有一半已经退役，剩下三艘中只有一艘处于运行状态，另外两艘都静静停在海军基地内。

　　对于一艘潜艇来说，要求"来无影去无踪"，所以对噪声的控制相当重要，"台风"级潜艇所用的噪声抑制系统是苏联战略核潜艇中最好的噪声控制系统，并且它采用了新型控制、导航、生命保障系统，可操纵性好，生存能力强。

　　由于"台风"级潜艇早已声名远扬，许多作家甚至导演，都将这个庞大的家伙纳入了自己的作品中。如日本漫画家川口开治所作的《沉默的舰队》；由马克·约瑟夫所作的《猎杀波将金号》和《台风》等。其中最著名的是由汤姆·克兰西所著的小说《猎杀红色十月号》，该书还被拍成了电影。小说的主角"红十月"号在小说中写为"台风"级的第 7 艘同级舰。

水下之"忍"："基洛"级潜艇

"基洛"级潜艇是苏联在 20 世纪 80 年代建造的第一级水滴型常规动力潜艇，目前仍是俄罗斯海军潜艇编队的重要力量。这级潜艇由于有着良好的性能，造价也不及核动力潜水艇那样昂贵，所以并没有在冷战结束后被俄罗斯抛弃，反而成为了外销的重要机型。

该级潜艇由俄罗斯著名的红宝石海上工程中央设计局设计，首舰于 1979 年在苏联共青城造船厂开工建造，1980 年下水，1981 年正式服役。该级潜艇长 73.8 米，宽 9.9 米，吃水 6.3 米，水面排水量为 2350 吨，水下排水量 3076 吨，水上航速 11 节，水下航速 18 节，全艇编制人数 52 人，能够下潜到 300 米的水下。

红宝石海上工程中央设计局一直是第二次世界大战后苏联设计潜艇的主要基地之一，许多著名的潜艇都出自该设计局。20 世纪 70 年代，该设计局接到了一个命令，要求设计一种新型柴电潜艇，来拦截其他试图接近苏联战舰的敌方潜艇，因此，这艘潜艇最主要的特点是要有出色静音效果和强大的攻击能力。

接受这一任务后，红宝石海上工程中央设计局开始分析该潜艇的详细要求，做出了研究部署，分别从柴电发动机、导航系统、声呐、雷达等方面入手展开研究。新潜艇采用了水滴式外形，配合多种先进科技，达到了很好的静音效果，被西方国家称为大洋中的"黑洞"，形容它静谧且危险。

"基洛"级潜艇与苏联之前建造的潜艇有着很大的不同。从外形上来看，以前的潜艇长而薄，舰首较为突出、尖锐，推进系统为双轴或三轴式。而新级舰则采用了西方流行的水滴式设计，更像一只蛰伏的雄鹰，推进系统是单轴式。虽然外形与西方潜艇很相似，内在结构可全然不同，西方潜艇艇身大多采用单壳式设计，而"基洛"级潜艇则是双壳式设计，这种设计从空间上来讲为设备和船员提供了更多的空间，并且储备浮力大大增加。

　　出色的表现为"基洛"级潜艇赢得了很好的声誉，苏联对该级潜艇进行了拓展，至今已经形成了877型和636型两大系列，每个系列都衍生出了多种型号的潜艇，组成了庞大的"基洛"级潜艇家族。

　　877系列是首先建造的系列，自1980年第一艘潜艇下水后，该系列潜艇开始量产，并且开始外销。该型潜艇长72.6米，内装有鱼雷发射管，整体呈水滴状，圆润的艇身使得来自海水的阻力减小，噪声也随之减小，更适合潜藏。后来在后续877型潜艇的生产中进行了改进，加上了射控系统和新型的线导式鱼雷。

　　随着877型潜艇的不断改进，苏联意识到总修修补补也不是办法，于是开始在877型潜艇的基础上大幅改进，建造了新型潜艇——636型潜艇。新型潜艇提升幅度较大，一方面自动化程度较高，新舰可以同时追踪5个目标。另一方面采用了更为先进的"消音"技术，在艇身上加装消音瓦，使得新型潜艇的噪声控制更好，可以摧毁敌人于无形中。

　　636型潜艇的火力更加强大，共搭载18枚鱼雷，其中有6具533毫米鱼雷发射管。经设定后，这6具发射管可以在15秒内自动齐射，发射时间间隔为两分钟。该型潜艇还搭载了多枚威力强大的线导鱼雷，能对目标进行致命的打击。

　　潜艇的主要目标是水上的战舰和水下的潜艇，由于自身条件限制，

Part 10 水下「蛟龙」潜艇

179

对空能力十分薄弱。为躲避空袭，早期的潜艇只能悄悄躲在深水中，不敢露头。善于创新的苏联人在"基洛"级潜艇上加装了防空导弹，这对天空中的寻找它的猎手来说不是个好现象，因为一不小心，自己也会成为猎物，所以后来战机上的飞行员就变得格外小心了，因为他们知道，水中有个家伙在对他们虎视眈眈。

但是这些天空中的"狩猎者"也不用过于担心，因为为了降低防空导弹的重量，"基洛"级潜艇并没有采用自动化填装设备。每当要发射防空导弹时，必须由两名船员来完成。一名填装弹药，一名发射导弹，并且导弹的威力不及海面战舰的强大。虽然被击中后生存的机会十分渺茫，但是较之前还是多了一些希望。如果它们能在这个空隙间逃脱潜艇的追捕就最好不过了。

"基洛"级潜水艇有着出色的声呐系统。该系统首先定位出目标的方位，并通过回声定位判断出目标的距离，随后操作人员根据目标位置进攻。众所周知，声呐是潜艇重要的目标信息来源，在战斗过程中如果能精确地测算出目标位置，就是成功了一半。"基洛"级潜艇为了降低舰身结构对声呐的影响，对舰身做了很多修改。例如，舰身前段不设排水口，所有能发出噪声的地方都远离声呐所在舱室，所以声呐系统的效率较之前的潜艇大大提高，能侦测出隐蔽性更强、距离更远的目标。

"基洛"级常规动力潜艇凭借着良好的性能、极高的性价比受到了世界各国的青睐，俄罗斯也愿意批量出售该级潜艇来刺激国内的经济，所以在印度、越南、伊朗等地都能看到"基洛"级潜艇的身影。我国从 20 世纪 90 年代开始引进"基洛"级潜艇，极大提高了我国潜艇的作战水平。同时，这一现代化的先进潜艇所采用的技术也推动了我国新一代常规潜艇的研制改进，逐步缩短了与当今海洋军事强国的差距。

最新力作："北风之神"级战略核潜艇

在苏联解体后，虽然俄罗斯的军费一直紧张，不像苏联那样将精力都花在了军事上，但是也建造了一级十分先进的潜艇，逐渐成为俄罗斯的主力潜艇，这就是现在人们议论纷纷的"北风之神"级战略核潜艇，也是现今俄罗斯潜艇中的璀璨明星。

"北风之神"是俄罗斯的第四代战略核潜艇，由圣彼得堡红宝石中央设计局设计，首舰命名为"尤里·多尔戈鲁基"号，舰长 171.5 米，宽 13.5 米，水上排水量 14 720 吨，水下排水量 17 000 吨，最高航速为 27 节。该级战舰的首舰之名看起来如此冗长，所以冥冥之中也注定了该级舰的建造也历经磨难。

20 世纪 70 年代末，苏联开始设计第四代核潜艇，处于冷战时期的苏联虽然军费开销巨大，但是也不是无限的。由于一些政治、经济的原因，这一计划始终被搁浅。苏联解体后，俄罗斯才将这推迟了 10 多年的计划提上了日程，开始建造多功能核潜艇，于是"北德文斯克"级核潜艇被建造了出来。在建造多功能核潜艇的同时，"台风"级潜艇首舰已经服役了 10 余年，俄罗斯开始想建造一级战略核潜艇来代替"台风"级潜艇。1996 年，首艘"北风之神"级战略核潜艇在北德文斯克市的北方机器制造厂开始建造。

北方机器制造厂是自苏联解体后俄罗斯战略核潜艇的主要生产基地之一，这里有着专门建造大吨位核潜艇的车间，其中世界上最大的核潜艇——"台风"级核潜艇就是由该车间生产的。至今，该厂已经建造了近百艘核潜艇，是名副其实的核潜艇制造大厂。

建造也并非一帆风顺，在"尤里·多尔戈鲁基"号建造初期遇到了很多困难。首先是俄罗斯海军高层为导弹配备的选择犹豫不决，并多次更改。每次更改，设计图纸都得调整。起初为"北风之神"

级潜艇配备的是俄罗斯最新设计的"巴尔克"导弹，该导弹本来是为"台风"级核潜艇设计的，正好"北风之神"级潜艇也在建造，海军高层就想将该导弹装载在新潜艇上，省得再研制了。但是该导弹在白海尼诺夫斯进行了 3 次试射都以失败而告终。这对于急于恢复海上核威力的俄罗斯来说无疑是一个沉重的打击。经过多次探讨，他们最终决定放弃"巴尔克"导弹的研制计划，而设计了"圆锤"导弹。这样来来回回地折腾使得潜艇的建造费用逐渐攀升。为此俄罗斯领导人在一次会议上声称："即使把克里姆林宫卖了，也要造出新一代潜艇来，因为这关系到俄罗斯的未来。"终于在 2007 年，"北风之神"级战略核潜艇的首舰完工。

"尤里·多尔戈鲁基"号核潜艇搭载了 12 枚"圆锤"导弹，后来俄罗斯海军还是觉得火力不够强大，就又增加到 16 枚。这种导弹长12.1 米，最大直径 2 米，射程约为 8000 千米，每枚导弹携带 10 枚分导式弹头，可以同时打击 10 个目标，威力强大。该导弹由于采用了先进的"星光惯性导航系统"，所以命中率大大提高，将精度范围控制在了 80 米以内，现在一艘大型战舰长度动辄上百米，所有这 80 米对于威力强大的导弹来说几乎忽略不计。

虽然苏、美争霸于 1991 年就结束了，"北风之神"的建造已经是 5 年之后，但是美国已经成为了世界上公认的军事力量最为强大的国家，俄罗斯新战舰的建造当然要以最先进的国家为准。美国弹道导弹防御系统发展十分迅速，要想突破该系统的防御，一是速度要快，以"迅雷不及掩耳之势"摧毁对方的防御系统。二是在弹头上装备诱饵系统，诱导对方的反导系统。而将这两者结合起来的就是"圆锤"导弹，对此俄罗斯放出豪言，声称能"突破世界上任何防御系统"。此外，该潜艇上还装备了鱼雷发射管，作为自卫用。

俄罗斯对"圆锤"导弹的试射工作十分重视，因为之前"巴尔克"

导弹多次试射的失败给俄罗斯人心中留下了阴影。但不管怎样，俄罗斯人还是很乐观的，他们积极准备新导弹的试射工作，甚至将一艘"台风"级潜艇进行了改装，并且将其放在北方机器制造厂，专门完成新导弹的试射工作。

"北风之神"级战略核潜艇是少数跨越世纪诞生的核潜艇，并且从 20 世纪后半期到现在，以美国为代表的一些国家已经积累了丰富的反潜经验，反潜系统也是逐渐完善。为了逃离反潜系统的跟踪，"北风之神"级核潜艇与时俱进，采用了新一代隐蔽方案，俄罗斯人对自己的隐蔽技术很有信心，宣称该潜艇"将成为世界上噪声最小的核潜艇"。该潜艇是怎样来隐藏自己不被对方发现呢？

原来在潜艇表面铺了一层 150 毫米的消声瓦，这些消声瓦能够很好地吸收潜艇带来的噪声，效果类似于枪械上的消音装置。不仅如此，该级潜艇还采用了独特的减震、降噪技术，将噪声量控制到最小。先进的控噪技术使得"北风之神"级核潜艇能悄悄隐藏在水下 450 米的

"北风之神"级战略核潜艇

地方不被发现，等待时机发动致命一击。

　　潜艇不像大型战舰在水面之上，能看着日落日出，望着广袤的天空，呼吸着海腥气的海风。潜艇只能潜藏水中。在潜艇发展的历史中，不乏各种潜艇因为安全方面做不到位而发生的海难事故，据统计，在世界上沉没的核潜艇中，苏联的核潜艇占了一半之多。2000 年 8 月 13 日，"库尔斯克"号攻击型核潜艇就因为鱼雷舱发生爆炸，潜艇沉没，艇上的118名官兵全部遇难。这一事件震惊俄罗斯海军高层，于是在"尤里·多尔戈鲁基"号核潜艇的设计中将安全性设计放在了重要位置，增设了救生舱，增加了灭火系统和呼吸混合气净化装置，使新潜艇的安全性大大提高。